共感

育ち合う保育のなかで—

佐伯 胖 編

ミネルヴァ書房

はしがき

今こそ、「共感」に目を向けよう

今、教育の世界は、とてつもない混乱におちいっています。学力低下論に追い立てられて、「確かな学力の保証」が叫ばれ、教職の専門性を高めるための専門職大学院が作られたり、教員免許の更新制度が本格的に検討されたり、保育園・幼稚園から大学までが「自己評価」、「外部評価」を迫られ、「競争的資金配分」方式で、低い評価の教育機関はどんどん統廃合や閉鎖に追いやられて、「他を打ち負かす」競争力のある機関に重点的に資金が流れているのです。

このような動向を反映してか、保育・幼児教育の世界は、小学校との連携が叫ばれ、保育園や幼稚園では小学校段階での生活や学習の基盤を育成することが求められており、「小学校との円滑な接続」のために力を入れる（要するに、「就学」準備が行き届いた）保育園・幼稚園が優良とされています。

一方、学校では「いじめ」による子どもの自殺が相次ぎ、親の子どもへの虐待は増加の一途をたどっています。親の子殺しどころか、子の親殺しも珍しくなくなってきている今日このごろです。そういう「なげかわしい」事件が起こる度に、「もっと、教育を！」という声が高まり、「心の教育」の徹底化が求められますが、一体どういう「教育」が強化されるべきなのでしょうか。

何かがおかしい。どこかが狂っているようです。

多くの人々は、なんとなくそのように思うのですが、何がおかしいのか、どこが狂っているのかがよく見えないのではないでしょうか。

これに対し、私たちは、はっきりとこう断言します。

それは、人々の中から、「共感性」が喪失してきている、ということです。

みんながお互いを「不信感」のまなざしをもって警戒し合い、牽制し合い、スキがあればつけ込み、出し抜こうとしています。そういう中で、お互いが神経をすり減らしてヘトヘトになっているのですが、そういう泥沼から抜け出す道がみえなくなっているのです。

「学力低下」の根本問題は、国際的な「学力テスト」の点数が若干下がったというようなことではありません。「学習意欲」が根源的に失われているのです。「どうして勉強しなければならないのか。」こういう問いに、答えが見つからないのです。

一昔前なら、「それはあなたが将来、社会的に成功するためですよ。」とか、「ともかく、良い学校に入って、良い大学を卒業して、良い会社に入れば、一生、幸せになれるのです。」と言えば、それなりに説得力があって、「あとでラクができるのなら、今はツライ勉強でも、一所懸命やらなければ。」ということで「頑張る」ことになったでしょう。そうやって頑張ってきた人たちが親になって、同じように子どもを塾に行かせ、「お受験」を迫り、成績が少しでも低下すると、ヒステリックに叱りつけ、親は子を憎み、子は親を憎むようになる…。しかし、良い学校って、どういう学校でしょう。良い会社ってどういう会社でしょう。有名会社の不正、不正隠し、陰での犯罪がつぎつぎと露わになってきているこのごろです。有名大学を出ても、自分の進むべき道がわからず、ニートになる若者がどんどん増えているのです。

「勉強するのは自分のため?」

「うそでしょう。自分は勉強なんかしたくないし、エラくなる気もない。」

「世の中、なるようにしかならないし、どうなるかもわからない。」

「だったら、なんとなく、気楽に生きていれば、そのうちなんとかなるんじゃないか。」

こんな風に考え始めたら、もう、勉強なんてやる気はおきない。テレビゲームでもやって、気晴らしをしていれば、毎日は過ぎていく。友達とのわずらわしい関係もテキトーにやっていれば、問題も起きない……。

でも、ちょっと待って下さい。あなたが勉強するのは、あなたが少しぐらい裕福になって、ラクな暮らしができるようになるためなんかじゃない。世の中には、あなたの助けを待っている人たちがたくさんいるのです。あなたがなにかしてあげることで喜んでくれる人がいるのです。そういう人たちに目を向けて下さい。そういう人たちに「何か」をしてあげてください。そういう人たちはあなたの周囲にいます。それはあなたに「勉強しろ」とせまる人とはちがい、ただあなたが目を向けてくれるのを待っている人たちです。それは、実は、世界中にいるのです。私たちはそういう人たちに囲まれ、期待を寄せられ、じっと待たれているのです。

そういう人たちに、「共感」することで、私たちは、「学び」に駆り立てられるのです。

これは、あなたが誰かの「役に立つ」ということを意味するとはかぎりません。自然界の物事が、あなたによって「知られること」を待っているのです。そういう世界は、あなたが心を寄せて、「いまだ知られていないこと」を「知られるように」してくれるのを待っているのです。そういう、「知られることを待っている」世界と、親密に対話することで、科学の探究がはじまり、文芸の世界が創出され、「美」が紡ぎ出されるのです。

そういう世界に、「共感」することから、私たちは「学ばないではいられない」衝動に駆り立てられるのです。

「共感」とは、そのように、「他」(者でも、物でも、事でも)との関係を見いだし、関係をつくり、そして関係の中に生きることです。

本来、人が「知る」ということ、「行為する」ということの根底には、「共感」があるはずですし、そこから出発すれば、「学ぶ意欲」も、「する意欲」もわき起こってくる、というより、まさにそのかかわる「他」によって喚起され、引き出されるはずなのです。

ところが残念ながら、その根底にあるべき「共感」が、いま、喪われつつあるのです。

今こそ、「共感」に目を向けなければなりません。

ところで、今、乳幼児の発達心理学で最もホットなテーマと言えば、それはほかでもない、「共感」なのです。

二〇〇五年三月に神戸で開催された日本発達心理学会第十六回大会で、ドイツのマックス・プランク研究所のマイケル・トマセロ教授が「意図の理解と共有」と題する招待講演をしました。そこでは、人類（ヒト）が類人猿から進化してくる過程で、他者の「意図」を理解し、他者と意図を共有するようになってきたこと、それによって、協働（コラボレーション）ができるようになり、それが「文化」を創り出してきたことが熱意をこめて語られました。これは、トマセロ教授が九〇年代から提唱してきた「文化学習」（Cultural Learning）の概念をより発展させたもので、講演では、このような進化的な背景を背負った乳幼児が、どのように、他者と視線を共有する「共同注意」（Joint Attention）ができるようになって行き、それが「他者の意図」が自分の意図と異なることを理解できるようになり、最後には、他者と意図を「共有」するに至るまでのプロセスを、さまざまな実験データと実験場面のビデオ映像を通して解説してくれました。まさに、ヒトの進化と発達の重要な「軸」として、「共感」が位置づくことを明確に示していたと思われます。

また、二〇〇六年の十一月に九州で開催された日本心理学会第七〇回大会においては、アメリカのワシントン大学のアンドリュー・メルツォフ教授が、「社会的認知の礎―〝Ｌｉｋｅ

Me〃仮説」と題する招待講演を行い、やはり、乳幼児の認知発達の礎となっているものは、他者を理解するときに「自分に似ている」として、自分自身の「感じ」が他者にもあるという「仮説」のもとに、他者の行動を理解するという考え方（"Like Me"仮説）について、やはり多様な実験的事実を示しながら説明してくれました。メルツォフ教授もまた、「共感性」が認識のはじまりであり、また認識を深めていくことの原動力になっていることを説いていたと言えるでしょう。

実は、筆者が乳幼児の発達における「共感」の重要性を思い知らされたのは、二〇〇五年に放映された、CATVの「ディスカバリーチャンネル」での、赤ちゃんの発達に関する一連の番組（「思考力の発達シリーズ」）でした。(1) とくに、イリノイ大学のルネ・バイラジョン研究室（René Baillargeon Lab.）で行われた、生後一八カ月の赤ちゃんを対象にした「心の理論」（他者は、その人なりの信念にもとづいて行動するということの理解）に関する、いわゆる「誤信念課題」（False Belief Task）の実験場面はショックでした。なぜなら、これまで子どもが「心の理論」を獲得するのは、四歳以上であるというのが「定説」でしたし、それを実証しているとされてきたのが「誤信念課題」だったからです。「誤信念課題」というのは、一連の出来事のストーリーを示して、他者が誤った信念にもとづいて行動することを予測させるというものですが、これまで数多くの研究では、四歳未満の子どもはこの課題に正答できないとされ、四～五歳を超えてやっと正答できるようになるとされていたのです。しかし、バイラジョン研究室の実験では一八カ月の赤ちゃんが、幼児にも理解できる誤信念課題のシーンに対して、しっかり「心の理論」の獲得を示す反応（言葉ではなく、顔の表情反応から判断）していたからです。その後、この研究が学術論文として *Science* 誌に掲載されていることを知りました。[2] さらにこの論文をめぐって、その後立て続けにいろいろな論争が巻き起こりましたが、現時点では、バイラジョンらの実験結果とその意味づけに関しては疑問の余地がないこととして決着していることもわかりました（本文第1章の注1参照）。

このように、乳幼児の発達が他者の「心」への「共感」を軸に発達しているということがますます明らかになってくればくるほど、現実社会における乳幼児の発達環境が、むしろ、「共感性」の発達を阻害していることも明らかになってきています。

赤ちゃんの「共感性」が芽生え、育つためには、なんといっても母親（ないしは、もっとも親しくかかわる養育者）との二項関係の確立が必須なのです。そのためには、赤ちゃんとしっかり目と目をあわせて、ほほえみかけることが大切なのですが、最近の母親は、子どもをしっかりだっこして、目と目を合わせ、ほほえみかけることが少なくなってきています。哺乳中でもテレビをみたり、携帯メールにかかりっきりだったりで、ちゃんと赤ちゃんに専念していないのです。「共感性」の芽生えは、生後九カ月ごろからの「共同注意」（他者と同じものを一緒に見ること）なのですが、赤ちゃんの見ているものを一緒にみたり、自分が見ているものを赤ちゃんにも「見せて」あげたり、ということも少なくなっています。日本では、乳幼児の段階からのテレビ視聴時間が非常に長いのですが、テレビ画面の登場人物とは「視線を合わせる」ことができません。また「こっちを向いている」ようでいても、「このわたしをみてくれてはいない」ことは明らかです。これでは、「見る、見られる」という関係作りができません。子どもたちは、自分の殻にとじこもって、その殻のなかだけで生きていくことを強いられて育つのです。

そして、冒頭にあげたように、現代社会は、まさに「共感性」を喪失した社会になってきているのです。

今こそ、「共感」に注目しましょう。「共感」の重要性の自覚、「共感」が失われていくことへの警告。「共感」をとりもどすための試み…。このようなことをいますぐにでも、はじめなければなりません。

本書では、まず「発達」ということを「共感」を軸に考えることからはじめます（第1章）。そのあと、乳幼児同士のかかわり（第2章）から自閉症傾向のある子どもとの関係づくり（第3章）、さらに、幼稚園での保育者たちとのかかわり（第4章）や、子育て支援をめぐっての親との関係づくり（第5章）まで、保育実践の現場でのあらゆる場面の中に潜んでいる「共感」を拾い出して、大切に育むことを訴えています。

読者のみなさまの「共感」とともに、きびしいご批判を賜れば幸いです。

（1）この番組の録画を提供してくれたお茶の水女子大学大学院（当時）の浅野志津子さんに感謝し

ます。

（2） Onishi, K. H., & Baillargeon, R. 2005 Do 15-month-old infants understand false beliefs? *Science*, 308, 255-258.（この論文では、生後一五カ月の赤ちゃんが「誤信念課題」に正しい反応を示しているとする実験結果が報告されている。）

二〇〇七年三月

編　者

もくじ

目　次

目　次

目　次

第1章　人間発達の軸としての「共感」

1　ヒトはどのように「人」になるのか――ピアジェ発達論から見る

ヒトが「人」になっていくプロセスについて、最近は進化心理学や動物行動学などいろいろなところから研究が進んでいます。そこには大きな発達観の変化が含まれていて、いままでの発達観とは異なる発達観が示唆されています。

そこで、まず、ピアジェ（J. Piaget）の発達観を振り返ってみましょう。ピアジェは発達ということを生物学的、発生学的な立場で理論化しようとしたと思われます。すなわち、発達とは生物的な成長に伴うもので、なるべくしてなる、すなわち、ある年齢に達し特定の段階がくればできるようになっていくという考え方です。さらに、ピアジェの発達論の重要なポイントは構成主義（constructionism）です。つまり、知能の発達ということは頭の中のシンボルが構造化され、精緻化されるということだとして、そのシンボルの変形と展開を「操作」（具体的操作、形式的操作など）として特徴づけました。ピアジェが操作といっていることは、英語で言えばoperationですが、数学で言う演算のことです。つまり、ピアジェが考えていた知能の発達というのは、頭の中の「演算能力」の発達であり、シンボルの演算操作に関心があったわけです。ピアジェの考え方は個人構成主義（individual constructionism）と呼ばれていますが、個人が外界との相互作用によって知識の枠組み（シェマ）を構成していくとするのです。あえて特徴づけるならば、「因果論的」構成主義と言ってもいいでしょう。つまり、知識の構成を展開させていくには生物学的な原因系があり、それが外界との相互作用（同化と調整）によって、一定の系統だった発達段階を登っていくとするわけです。そして、知能の発達は基本的には世界の制約（カテゴリー、法則）がだんだんわかっていくことであり、それがわかることで世の中の予測ができ、コントロールするという、「能力」が発達するとしたのです。

技術的知性と社会的知性の関係

ピアジェの発達論は、どちらかというと、世界をいかにうまくコントロールできるかという「技術的知性」を中心に考えていたと解釈できるでしょう。それに対し、社会的知性が重要だという考え方があります。サルから類人猿を経てヒトになっていく過程で、しだいに大きな集団で生活するようになり、集団生活を営むために発達せざるを得なくなるのが社会的知性です。進化において、社会的知性こそが進化の重要なモメントになったという考え方は、「マキャベリー的知性仮説」と呼ばれています。集団社会の複雑な関係をうまく処理して、他人の意図や動機を推察するばかりでなく、場合によってはそれを巧みに操作するという知性がマキャベリー的知性で、サルからヒトに進化する過程でヒトに特化して獲得された能力だとされています。

ピアジェ心理学の立場からも、社会的知性の獲得は重要な発達課題だとされます。ただし、そのような社会的知性が獲得されるためには、人という対象がどのような原理で行動するかについての知識が獲得されなければならないでしょう。人の行為から、その背後にある「動機」や「意図」を推察するのは簡単なことではありません。ピアジェは、幼児期の子どもには「自己中心性」があり、他人を自分と異なる存在だと認識できるためには、その「自己中心性」を脱却しなければならないとしていました。

実際に、人にはそれぞれ「心」（信念や欲求）があり、人の行動はその人が「信じていること（本当だと思っていること）」にもとづいているものだということがわかる（いわゆる「心の理論（Theory of Mind）」が獲得される）のは、最近までは四歳を過ぎてからだとされていました。つまり、人は、「本当でないこと（ウソ）」でも、本当だと信じ切って、それにもとづいて行動することを理解できるのは、四歳を越えてからだというのが、これまでの「定説」でした。しかし、最近になって、この「心の理論」は、生後一五カ月の赤ちゃんにもすでに獲得されていることを示す実験的結果が報告されています。[1]

2　関係論的発達論の展開——ヴィゴツキー・ルネッサンス

ピアジェからヴィゴツキーへ

人間の知性がもともと社会的知性を軸に発達するとした心理学者として、ロシアのヴィゴツキー（L. S. Vygotsky）がいます。

ヴィゴツキーはピアジェと同じ年に生まれたのですが、ピアジェは八四歳で亡くなったのに対し、ヴィゴツキーは三七歳という非常に若いときに亡くなっています。彼の死後、西欧社会では、一九六〇年代の初期に米国の心理学者、ブルーナー（J. S. Bruner）を中心に起こった「ヴィゴツキー礼賛」によって彼の名声は高まりました。それは、ソビエト（現在のロシア）が世界で最初の人工衛星「スプートニク」を打ち上げたことをきっかけに、ソビエトに負けない科学水準を培うことをめざして、いわゆる「教育の現代化」運動が起こってきたことによるのです。ヴィゴツキーは、発達を「周りの環境によって」もたらされるものだとしており、子どもが自然界と自由にかかわっているだけで知性を発達させていくのだとするピアジェ発達論にかわって、むしろ、積極的に系統立った知識体系をきちんと「教える」ことで発達が促進されるのだとしていると解釈されたのです。つまり、どちらかというと、知性主義の復興のような格好でヴィゴツキー発達心理学がもてはやされたしだいです（第一次ヴィゴツキー・ルネッサンス）。

日本でヴィゴツキーが戦後の教育の中で評価されたのも、そのような文脈においてでありました。生活単元学習のように、ただ子どもたちに身近な問題の解決を考えさせるのではなく、学校教育では知識を系統的にちゃんと教えなければいけない、というときの論拠としてヴィゴツキー心理学がとりあげられたのです。

子どもは「社会的関係」のなかで発達する

ところが、七〇年代の後半くらいから、これまでとは異なる意味でのヴィゴツキー評価がでてきました。その中心になった人物が、カリフォルニア大学サンディエゴ校のマイケル・コール（M. Cole）です。コールは、ヴィゴツキーの弟子であったルリア（A. R. Luria）のもとで研鑽を積み、ヴィゴツキー心理学の神髄が「人間の思考や認知はその発生の段階から、文化や社会での人々の実践が深く関係している」というところにあることを理解しました。コールの主張の出発点になったのが、アフリカのナイジェリアのクペル族の研究でした(2)。そこでは、ピアジェ風の発達課題を与えると、成人でも四、五歳の知能しかないという結果になるのですが、実生活での彼らはいたって頭はいいし、いろいろな複雑な問題解決をこなしています。そこから、人間がモノを考えたり問題を解いたりするというのは、社会の中の文化的な実践とは切り離せないことなのだということに気付いたのです。コールは、アフリカから帰国してから、カリフォルニア大学サンディエゴ校に、比較認知研究所（Laboratory of Comparative Human Cognition：LCHC）を開設し、「知性」はその根源から「社会・文化的関係の中にある」としているヴィゴツキー心理学を、あらためて西欧社会に広げる活動を展開しました。これが第二次の「ヴィゴツキー・ルネッサンス」であり、今日の「状況的学習論」の源流になっています。すなわち、「人間の学習というものは状況に埋め込まれたものであり、状況から切り離された実験課題とかテスト問題とかで測れるものではない」とし、「本当に生き生きとした現場の中で人がどのように振舞うかということの中にこそ学習はあるのだ」ということを提唱したもので、レイヴ（J. Lave）とウェンガー（E. Wenger）の「正統的周辺参加論」(3)として、今日、注目されているあたらしい学習論に引き継がれています。八〇年以降のヴィゴツキー革命、あるいは、第二次ヴィゴツキー・ルネッサンスともいうべき潮流は、一九六〇年代の「教育万歳主義」的なヴィゴツキー理解(4)とは根本的に異なるもので、いわば、「教育」そのものが、社会・文化の実践にすっぽり包み込まれているとする考え方です。

3　ヴィゴツキー心理学における関係論的発達観

ヴィゴツキー心理学には四つのテーゼがふくまれています。一つは、精神発達が「精神間機能から、精神内機能へ」と展開するとしていること、二つ目は、あらゆる思考が「道具に媒介されている」とすること、三つ目は発達は「最近接発達領域」で生起するとしていること、四つ目が「科学的概念は生活的概念と異なる」としていることです。これらの四つは互いに関連し合っていて、きわめて重要なのですが、ここでは、特に一つ目と三つ目を中心に考えていくことにします。

精神間機能から、精神内機能へ——社会的知性こそが知の源流

精神間機能というのは人と人との関わり合いの中で作用する機能のことで、まさに社会的な相互作用のことです。ヴィゴツキーは、その精神間機能が精神内機能——つまり、個人の頭の中で作用する機能——に転化していくとしているのです。ただし、ここで、知能（精神作用）というものを、精神間機能で始まるが最終的に精神内機能で終わるのだというように捉えられるとしたならば、それは大きな間違いです。「精神間機能から精神内機能へ」というのは、さらなる精神間機能へと向かう準備となっているわけで、人はたえず新しい精神間機能、すなわち、他者とのより広く深いかかわりへ向かっているのだということを忘れてはなりません。

最近接発達領域（「発達の最近接領域」ともいう）

ヴィゴツキーは、人が発達するのは最近接発達領域においてであるとしています。最近接発達領域というのは、発達の最近接領域ともいいますが、英語圏では、Zone of Proximal Development（ZPD）と言われています。このことの定義はきわめて単純で、次の通りです。すなわち、人は一人でできる知的活動領域と他者（例えば大人）と共にできる活動領域があり、一般的には後者の方がより大きく広がりがあるとした上で、その差のことを最近接発達領域とか発達の最近接領域と呼ぶのです。

ZPDは「教育万歳」主義か――ZPDの「スキャフォールディング」論的解釈

先に述べたように、六〇年代のヴィゴツキー理解は、ヨーロッパ、アメリカ、さらに日本でも、「教育」こそが発達を推し進めるのだという、いわば「教育万歳主義」ともいえる考え方が主流でした。当然、ヴィゴツキーの最近接発達領域も、「子どものまわりにいる大人が手助けすることで、子どもの能力が育つ」ということを意味しているのだとされました。ヴィゴツキーを西欧の心理学に紹介したブルーナーもそれをスキャフォールディング（scaffolding：足場かけ）というような言い方で捉えていました。(5) つまり、「子どもは他人の助けを借りたり、他人と協力関係にあったりすれば、自分だけではできないことができるようになることがあります。これが発達の最近接領域ということなのだとするのです。つまり、大人が子どもに適切な働きかけ、手ほどきなどを与えて、子どものその時点での実力以上のことができるようにしてあげることが、その後、その子どもは「自分だけで」できるようになるはずだとされたわけです。そういう手ほどきを与えて――つまり、〝足場づくり〟（スキャフォールディング）をしてあげて――しだいに手ほどき（足場）を少しずつ減らしていけば、最終的にそれが他人の助けをかりずに一人でできるようになるという考え方は、「教育」しだいでどんな子どもでも、いくらでも発達を促進させることができる、という楽天的な考え方（「教育万歳主義」）を生み出すことになります。これが、六〇年代までのヴィゴツキー解釈の「定番」でした。

「スキャフォールディング論」の問題点

スキャフォールディング論にはよく考えてみると非常におかしな点があります。ある意味ではピアジェと同じように、個人の能力に焦点化しているように思えます。足場が与えられていないときに「どこまでできるかな」というように見て、それから、足場を与える。つまり、大人が手伝うというわけです。そして、しだいに「手伝い」を減らして、それが終わった段階には高度なことが「自分でできるようになっている」という次第です。結局、途中で他人の助けを借りているというのは便宜上「やむを得ない」こととしています。「スキャフォールディング論」というのは、最終的には他人の助けを借りずに自分でできるようになることが望ましいとされるわけですから、これはピアジェ同様に、個人構成主義的なとらえ方にほかなりません。

また、スキャフォールディング論からすれば、教師が方向付けを示していかないと子どもは学べないかのように思われがちです。与えられる手ほどき、足がかりが教師の意図のもとに与えられ、そして、後にははずされる予定のものとされます。実際には、子どもは外界のさまざまな事物のなかから、自分なりに「足がかり」をみつけることもあるでしょう。大人からの「手ほどき」がないと子どもは学べない、というわけではないでしょう。あるいは、学習や発達は常に文化の伝達であるとし、大人の側が何を学ぶべきかを指定してあげるものなのだということになりますと、学び手が独自に新しく創出することはありえないのかという疑問も起こります。このような疑問は、ヴィゴツキーの発達観から見ると、むしろ当然の疑問であり、「スキャフォールディング論」は、どこかヴィゴツキー心理学が批判している「個人能力還元主義」の見方に近いといわざるを得ないでしょう。

ZPDの本来の意味

赤ちゃんは生まれ落ちたときから社会的関係の中にいます。一人でできているかのように見える行動も考えてみればさまざまな大人たちが計画し相互に関わりあっていることの中で、「一人でできているように見えている」にすぎないのです。赤ちゃんでも、その子なりに自分がどのようなことを期待されているかを感じています。「ぼくだってもうこんなことができるのだ」と見せたいかもしれないし、「あの子ができるならぼくだってできるよ」という競争心もあるかもしれない。私たちはどんなことも、ある程度、関係の中にあってこそ、発現し可視化されているのだと考える（「関係論的視点」で見てみる）と、「一人でできる」という言い方は字義通りにとるべきではなく、そこには暗黙のうちにすでに多くの人たちが関与していると見るべきでしょう。

そこで、最近接発達領域（ＺＰＤ）の考え方をあらためて解釈し直してみると、つぎのようになります。まず、人は生まれ落ちた瞬間から他者のなかにおり、さまざまな道具立てや資源を利用して実践的行為を為すようにし向けられています。そこで、他者との関係で外在化されている媒介は、他者との活動を通してしだいに内化することで、内なる媒介となります（頭のなかで、記号化されたり、モデル化されたりするわけです）。その段階を捉えれば、精神間機能が精神内機能になるともいえるでしょう。しかしそのとき、同時に新たな媒介を取り込む準備ができているわけで、人は、これまでは取り込めなかった新しい媒介を取り込むように外界に働きかけており、そういう本人自身の「前向き」の活動のなかで、他者の言説やさまざまな道具立てが資源として「取り込まれて」いるわけです。

したがって、ＺＰＤというのは、人は常に他人や他の資源のなかでできることの範囲を広げている場なのであって、「頭の中に知識がしまい込まれる場」というわけではありません。たしかに教育は発達にとって大事ですが、それは個人の能力が個人内にできあがっていくという意味でではなく、他者と共に生きるための知恵としての能力が培われ、社会的関係のなかで「よく生きる」ための知性が発達するというように読み取ることができるでしょう。

4　トマセロの文化学習論

ドイツのマックス・プランク研究所のマイケル・トマセロ（M. Tomasello）は、類人猿からヒトになったのは、ヒトが「文化」を創りだしたことによるとし、その「文化を創り出す」ことができるようになったのは、ヒトが他者の意図を理解し、さらにその意図を他者と共有するようになったことによるのだとしています。さらに、このような進化のプロセスは、個体発生のプロセスにも見られるもので、赤ちゃんは他者の意図を理解し、他者の意図を共有するようになり、さらに協調的行動ができるようになるのだ、としています(6)。

トマセロが説いている「文化学習の生まれるまで」の概略は、およそ以下のようなものです。

「因果」と「意図」の結びつき

赤ちゃんは生後まもなくから、「自分で動くもの」と「自分では動かないもの」の区別を知ります。「自分で動くもの」については、赤ちゃん本人が「自分で動ける」ということ、さらに「動く」には「動こうとする意図」があることを知っており、そのことから、外界の「動くもの」についても、なんらかの「意図」ないしは「目標」があると想定するわけです。「動かないもの」は、人が「動かそうとする」力を加えることで、「動く」のであり、そうでないものが突然勝手に動き出すことはないと信じています。

このようにして、赤ちゃんが「他者（人）」を理解するときは、他者が「動き」の主体であるということと、その他者が「意図をもつ存在」であるということを理解するに至るというわけです。

視線追従と共同注意

他者が「意図」を持つ存在であることを知ると、他者の「意図」を推察するために、他者が「見ている」方向を自分も見ようとします。このような視線追従は、生後九カ月頃からできるようになり、一二カ月頃になると、相手が見ているものをはっきり同定して、それを「一緒に」見ようとします。これが「共同注意（joint attention）」とよばれる行為です。共同注意によって、相手の注視行為によって、相手の意図が目指している対象（目標）にあるということを理解するようになるのです。

表層模倣から深層模倣へ

赤ちゃんは親しく対面している他者の表情をまねることは、以前からよく知られています(7)（図1）。しかし、赤ちゃんの表情模倣は、あくまで母親との二項関係で生まれることです。二項関係が確立すると、相手の向いている視線に注目し、その視線を向けている方向に自分も視

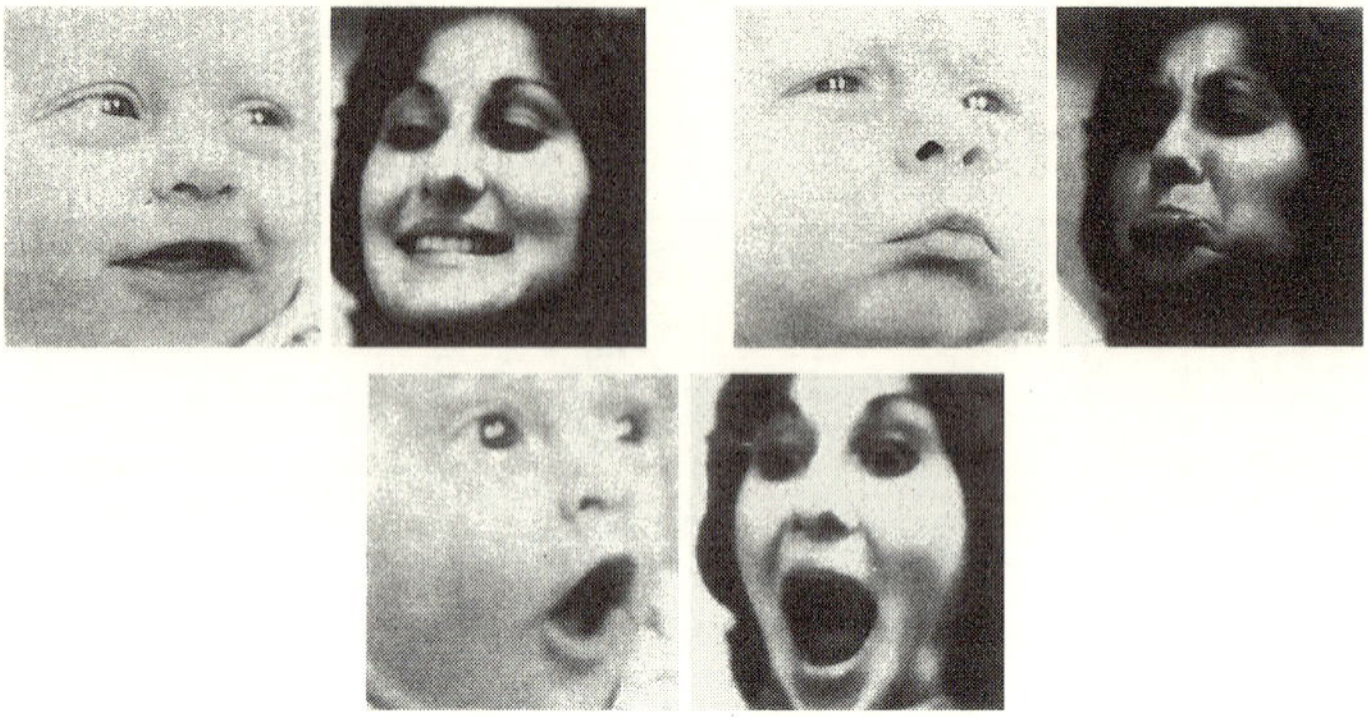

図1　赤ちゃんの表情模倣

Field, T. M., Woodson, R. Greenberg, R., & Cohen, D. (1982) Discrimination and imitation of facial expressions by neonates. *Science*, 218, 179-181. より

線を向けるという視線追従が生まれます。それが九カ月ぐらいになると、視線を向けている「対象」を「ともに」見ようとするという、共同注意の関係がつくれるようになるのです。

共同注意ができるようになると、模倣を通して相手といわゆる「三項関係」がつくれるようになります。つまり、相手が行っている行為から、その背後にある「目標」を推察し、今度は自分自身がその「目標」をもって相手の「やろうとしている」行為を自分もやってみようとするわけで、対象を共有した両者が結びつくのです。この場合は、相手の表面的な動作を写し取る真似ではなく、相手の行為の意図を読みとって、その意図を自らも取り込んだ上で、その意図に相応しい行為を行うようになります。したがって、相手が明らかに一つの意図をもっているが、その行為の達成に失敗していることを見た赤ちゃんは、真似るときには、自分自身もその目標の達成をめざし、達成されたか否かをちゃんと見届けようとします。

　もちろん、赤ちゃんも最初は相手の動作について、漠然とした「意図性」（intentionality）だけを取り込んだ模倣をします。母親がビンのふたをあける様子を見て、自分もふたを回す真似をする場合がそれに当たります。力を入れないのでふたはあけられないのですが、赤ちゃんはその「真似をしている」だけで満足しています。何か母親がやっていることを、ともかく「意図的行為」であると見て、自分もその「意図的である」そぶりを真似ているだけですので、それは「表層模倣」（surface imitation）というべきでしょう。それがだんだん、フタをあけるためという明確な「目標」が推察できるようになり、その目標の達成のための手段としての行為として他者の行為が理解できると、赤ちゃんはその「目標」を自ら取り入れて、自分もその目標にふさわしい行為を行おうとするわけです。「フタをあけよう」として、力を入れてフタを回すのです。このように、他者の行為の意図を理解し、その意図にふさわしいものとしての他者の行為を真似ることを「深層模倣」（deep imitation）[8]といい、さきの「ただ形だけを真似る」表層行為と区別されます。こういう観察例もあります。お母さんが手がふさがっているときにおでこでスイッチをおす場合と、手があいている状態でおでこでスイッチを押す場合を見てどうするかというと、赤ちゃん（一四カ月）がおでこでスイッチを押すのを真似るのは手があいているのにおでこでスイッチを押すところを見たときだけだという実験結果です。[9]これはおでこでスイッチを押すこと自体がおもしろいということを理解して真似ているわけ（深層模倣）で、両手がふさがっている場合におでこでスイッチを押したのを見た赤ちゃんは、お母さんは「手がふさがっているから、やむをえずおでこでスイッチを押したのだ」と理解し、自分の番になると、ふつうに手でスイッチを押して電気を点けるのです。

人工物のアフォーダンスの発見と道具使用

人が道具を使っている様子を見た赤ちゃんは、その道具が、特定の目標達成に適した「アフォーダンス」（特定の結果をもたらす行為を誘発する特性）を発見します。それができると、さまざまな道具（人工物）が、どういうシゴトを実現するために「作られた」ものであるかが理解できるようになるわけです。ナイフは切断するため、カナヅチはモノを打ち付けるため、などであり、そのような道具の持ち方、使い方が、「使う目的」にかなったものとして自然に獲得されるのです。このことがわかると、赤ちゃんは他者の道具使用を見て、いろいろな道具を自らも「使いこなそう」とします。

共同作業から文化的実践へ

他者の行為を、「目標」へ向けての意図的な動作であることを理解すると、その「意図」を自分も持つ（「共有」する）ことによって、「一緒に」その目標を達成しようとします。そこから、「協働作業」が生まれるのです。さらにそれが発展すると、同じ行為を一緒に行うのではなく、それぞれが作業を「分担」して、共通の「目標」を他者の役割と自分の役割も「下位目標」に分解し、それぞれが各自の役割を果たすという「行為計画」が立てられるようになります。

ここまでくれば、もう、文化的実践そのものであり、文化の生成と維持が集合的に図られるようになるわけです。

5　共感による認識の広がり——擬人的認識論

佐伯の「コビト」論

トマセロは「因果性」の認識の発生段階では、それが「意図性」と分かちがたく結びついていることを指摘していますが、佐伯は、外界の事物の理解のすべてが、多様な「意図」をもった自分の「分身」の活動を想定することによるのだとしています(10)。つまり、人が世界（人、物、できごと）を理解するのは、自分の「分身（コビト）」を対象世界の中に派遣することによるというわけです。この「私」が世界を理解するということは、「私」がいくつもの分身（コビト）に分かれて、世の中のありとあらゆる世界（モノ、ヒト、コト）に潜入し、その、分身としての「わたし」（コビト）が対象世界の制約の中でかぎりなく「活動」し、「体験」するのです。そのような、あらゆるコビトの多様な「体験」が「私」自身にもどってきて統合されたとき、

「私」は世界を納得するというわけです。

このように、自分の分身を世界の中に潜入させて、そこで「動いてみる」ということは、いつごろからはじまるのでしょうか。筆者が三人の子どもたちを育てた経験では、例外なく生後一〇〜一一週目になると、赤ちゃんは自分の手を「むすんで、ひらいて」をしながらじっと見つめるという時期がありました。つまり、その段階で、子どもは自らの「意思」が外界の変化の「原因」になることを発見するのだと思われます。つまり、外界に見える「自分の手」が、「動かそう」という能動的な意図によって、現に「動く」ということの発見から、世の中で「動いている」物の背後には、かならずそれを「動かそう」という何らかの働き（＝原因）があるはずだ、という認識が生まれるのではないでしょうか。

「共感的知性」論

佐伯の「コビト」論は、あらゆる知性の根源には「共感」があるとしているのです。つまり、さまざまな「分身（コビト）」が世界の中に入り込んで、その世界が有する独自の制約の範囲内で自由に動き回って見るということによって、その制約自体の意味やその制約内での可能性のすべてを、あたかも自らの行為そのもののように、「実感」し、「納得」するのです。

このような認識論は、「コビト」論とか「擬人的認識論」と言えば、なにかしら奇妙でおとぎ話とか原始的な思考方法のように聞こえるかも知れませんが、科学哲学者のM・ポランニーが提唱している「個人的知識」論には、これとかなり似通っていると思われるふしがあります。[11] ポランニーは、我々が外界を知るのは「個人的な自己投出」によると述べています。この「自己投出」というのは、「われわれがある事物をして、それに関する自分の従属的意識を通じて自分自身の延長物を構成させる個人的同化の行為」（長尾訳、p. 57）であるとしています。ポランニーは、近代科学において知識の「客観性」を強調するあまり、人々が科学を「個人の実感」と切り離された非個人的で普遍的に確立されたものと見なす風潮を批判して、「能動的に自己投出の中に入り込む」という、見方によってはきわめて「個人的」で「主観的」なとらえ方の重要性を説くわけです。このようなとらえ方は、ポランニーによれば、「主観的でも客観的でもない」とらえ方だというのです。つまり、実感としてはきわめて主観的ですが、自己投出は必然的に投入した外界の要請に屈服することになるので、ただ主観の赴くままに任せるわけではなく、むしろその事物のもつ制約の厳しさを実感して受け入れるという点で、明らかに、「客観性」（自らの恣意性ではなく、対象世界が「そうならざるをえない」制約や法則に従っていること）を「自分事」として実感しているのです。

このような人や事物への「自己投入」によって世界を「知る」知性のことを、「共感的知性」と呼ぶことにします。

蔓延する「非・共感的」知性

幼児が世界を知る知り方は、あきらかに、自らの能動性の延長としての自己投入（「コビトとばし」）による知り方だといえるでしょう。ところが、私たちは「学校」というところに入る頃から、「知識」というものは、自分とは離れた、どこか権威あるところで生み出され、権威ある人から「授けられる」ことで、いわば「頭にたたき込まれる」類のものだという考え方が広がってきています。知識は「教え込まれ」るものであり、「覚え込む」ものだとされるのです。そこには自分自身が能動的にかかわって探求し、あらたな知識を自ら生み出すということなどはまるで「考えられない」のです。

このような現代社会の危機的状況から脱するためには、人間発達を「共感性」を軸として考え直し、共感性の育成こそが、今、保育や教育の世界で中心に居続けなければならないことであると強調しておきたいところです。そのために、あらためて、人間発達の原点にある「共感性」に焦点を当ててみることにします。

6 発達のドーナッツ論

ＺＰＤと発達のドーナッツ

佐伯は以前から「発達のドーナッツ」というものを提唱しています[12]（図2）。

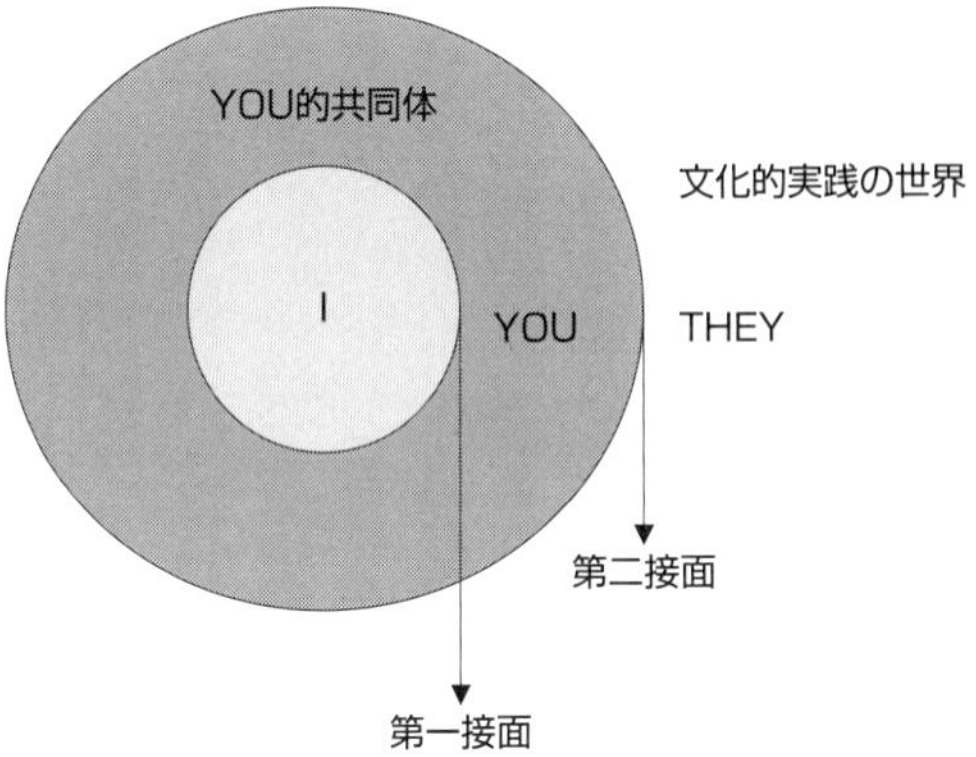

図２　発達のドーナッツ

「ドーナッツ論」では、Ｉ（自己）が発達していくとき、ＹＯＵ的関わりをもってくれる他者との出会いが不可欠であるとし、そのＹＯＵとの関わる局面のことを第一接面といいます。ＹＯＵ的関わりをするＹＯＵというのは、その人の身になってくれる人、その人のことを親しく思ってくれる人のこと、その人の意図を理解してくれる人で、基本的には母親のように親しく関わって世話をしてくれる人を指します。しかし、ＹＯＵとの関わりだけでは、人は発達できないのです。ＹＯＵはＩにかかわる一方で、実際の文化的実践という、ＹＯＵが実際に活動している社会・文化の実践世界（ＴＨＥＹ世界）がありますます。そのように、ＹＯＵはＩとは別に、現実世界で文化の生成と発展に関わっている世界としてのＴＨＥＹ世界と接している局面のことを第二接面といいます。ＩはＹＯＵを媒介にして、ＴＨＥＹ世界をかいま見るということで発達していくのです。

考えてみると、ドーナッツ論は最近接発達領域（ZPD）の考え方にきわめて近いものです。つまり、ZPDがいう「一人でできることだけでなく、他者と共にいることでよりできるようになる」というのは、他者が第二接面で関わっていることをかいま見ることによって、第一接面との関わりを媒介にして、そういう第二接面での関わりに導かれていく、それが発達であり、学習であるとするのです。

YOU的関わり（第一接面）の必要性

人は自分の身になってくれる人との出会いから他人の身になることを学び、共に苦しみ、共に喜ぶ他者がいるからこそ、共に苦しみ、共に喜ぶことを学ぶのです。このようなYOU的関わり、つまり第一接面は発達にとってきわめて重要なのですが、残念ながら今日、非常に稀薄になってきています。第一接面的なかかわりのできる親が非常に少なくなってきているのです。そして、そのような親は第二接面的なかかわりばかりを気にかけているのです。子どもに対し、「世間で望ましいとされているはず」の子ども像を勝手につくりあげて、わが子がその「期待される子ども像」から離れていることを非難する。子どもの方では、一生懸命がんばって親の期待に応えるのですが、その親の期待は、エスカレートして、より高い理想像が押しつけられるのです。本当は子どもの立場から見る、見てくれるということが第一接面として大切であるのに、それよりも世間的な基準で親が想定している「あるべき姿」のイメージとのずればかりに焦点をあてられて、第一接面が喪失してしまうのです。このようにＹＯＵ的関わりをもたずに育った人が親になると、子どもに対してＹＯＵ的関わりが持てません。こうなると、ＹＯＵ的関わりが持てるおとなも子どもも、どんどん少なくなってしまうのです。子どもへの虐待、子ども同士のいじめが氾濫する世の中になってしまうのです。

ＹＯＵを通してＴＨＥＹへ──「かいま見られる」第二接面

子どもは、ＹＯＵを通してこそＴＨＥＹへ向かえるのです。ＴＨＥＹ世界というのは、いわゆる社会・文化的な実践の場であり、それはＹＯＵとの関わりを通してかいま見られるということがなければはじまらない。その「かいま見られる」というのは、文化の「良さ」への予感であり、ＹＯＵへの共感から生まれます。ＹＯＵなる人が実践を通して良さを実感していることを感じ取り、そこに共感するわけです。子どもが社会の文化的価値に直接触れて、いきなりそれを深く「鑑賞」できるわけではありません。むしろ、「よくわからない」けれども、自分が親しみ尊敬している人が、自分ではつまらないものと思えるようなもの（たとえば古い壺）に感心して「すごいな」といっているのを見ると、自分も「ひょっとして、これすごいのかもしれない」と思い、その「良さ」がわかるようになりたいと願う。真性の文化的価値をどこまで理解できるかどうかは別として、そういう良さというものを、親しく尊敬している人の「鑑賞」に自分なりに共感して、そのような鑑賞を共にしている世界に参加しようとすることで、しだいに「鑑識眼」が育ち、おのずから参加できるようになっていくのです。

同感と共感のちがい

同感というのは、その人の感じていることと自分の感じていることを同じなのだと思うことです。そこでは未知なる世界への探求も、新しい発見もありません。相手は自分と同じだという確認にすぎないのです。

一方、共感というのは、「自分にはすてきとは思えないけどそう思いたい」、「そういうものの良さをわかりたい」と思うところから、その人が良いといっているのはどういうところなのだろうということを探求して「理解」しようとする。そこにいたる経緯やそこでの状況をしっかり把握して、その場にわが身をおいて、なんとかして、そこでの「良さ」を、心底「納得」しようとする。それが共感なのです。

共感に必要なのは、表層模倣ではなく深層模倣です。自分にはわからないけれど、「この人はどうもこういうことを考えているのではないか」、「こういう側面に注目しているのではないか」、「こういったことを大事だと思っているのではないか」というように、相手の意図や目的、相手の置かれている制約条件などを「理解」して、その人の思いを共にしようとするのです。

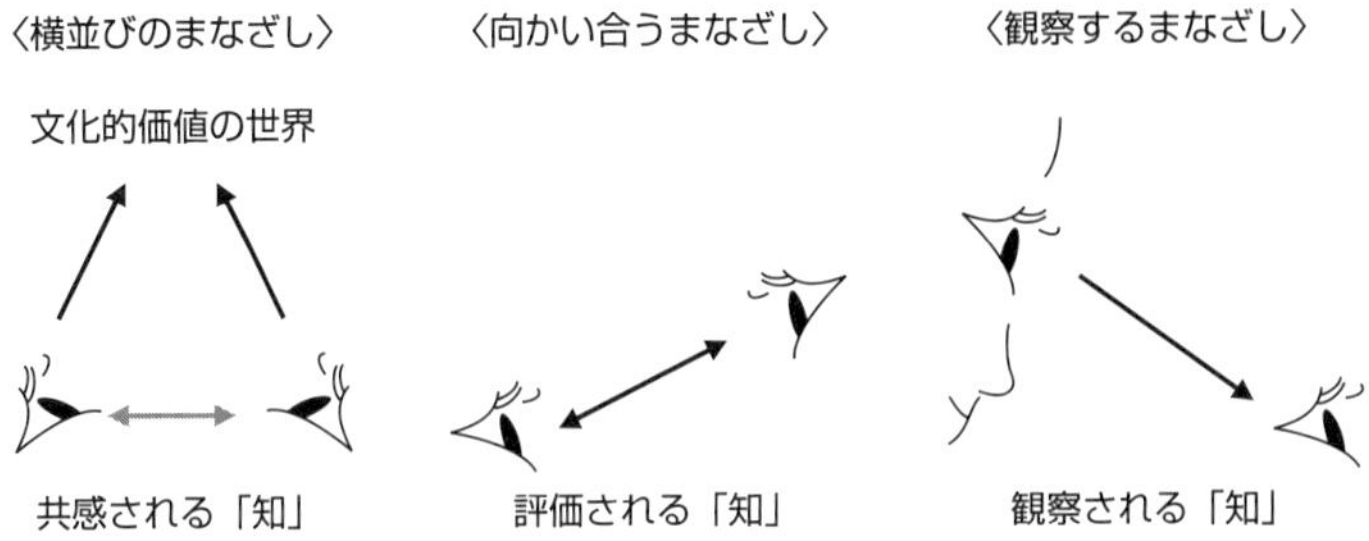

図３　子どもを見るまなざし

共感を呼び起こす「まなざし」

子どもを「見る」というとき、そこには三種類の「まなざし」があります（図３）。

まず、個人能力還元主義的にとらわれて、その子どもにはどういう能力がありどういう性質があるかを推測しようとするまなざしを「観察するまなざし」と呼びます。そういうまなざしの中でとらえられる関係というのは、いわば「後ろからながめる」まなざしです。本人とかかわろうということは全くなく、ただ、外からの「評価者」として、その子をＴＨＥＹ的（三人称世界での、ONE OF THEMとして）見る。こういうまなざしで見てしまうことは、わたしたちが幼児を観察するとき、とかく陥りがちなことですが、「この子はどういう性質をもっているのだろうか」ということを、本人の自由意思とは関係なく、こちらで設定した尺度をあてはめれば推測できるはずだという想定でみてしまいます。ここでは共感というものはまったく存在しません。

だからといって、子どもと向かい合えばいいのかというと、そういうわけでもないのです。「向かい合うまなざし」では、こちらの要求を全面に出して、「期待される子ども像」を押しつけてしまいがちです。子どもの方も、そのような期待になんとか応えようと「がんばって」しまう。そのような形で関わる他者は、ＹＯＵ的他者ではなく、子どもにとってはどこまでもＴＨＥＹ的他者、つまり、三人称的存在なのです。

これらに対し、私がここで提案したいのは、「共に」という中で見る「横並びのまなざし」です。あなたが見ている世界を、「一緒に見ましょう、共に喜び、共に悲しみましょう」としてかかわったり、「私が見ている世界を、あなたも一緒に見てください」としてかかわるまなざしです。これは発達心理学では共同注意（joint attention）とよばれている行為です。

「共同注意（joint attention）」から模倣の発生

「横並びのまなざし」は共同注意という関係をつくるのですが、そこからヴィゴツキーのいう収奪（appropriation）——つまり、学ぶべきことを真に身につけること——がどのように生まれるのかということを考えていきましょう。

収奪が起こるには、他者と共同注意関係ができていなければなりません。後ろからながめるまなざしとか、向かい合っているまなざしの中では、期待されていること、要求されていることの「結果」ばかりに目を奪われ、その背後の意図や意味、意義についての理解が伴わないならば、収奪は起こりえないのです。表層模倣で表面をなぞるような学習は生じても、深い意味で納得した上での学び、すなわち収奪は起こらないのです。

では、「横並びのまなざし」からどのように収奪が行われるかを見ていきましょう。最初はその人を通して学ぶべきYOU的他者である相手に関心を寄せます。これは第一接面のかかわりで、例えば、母親であれば母親がやっていることに関心をもつわけです。そこではその他者の様態（state）に注目し、「ああ、この人はこういうことをやっているのかな」ということを一生懸命観察し、相手の様態について頭のなかでイメージや意味づけられた表象をつくります。そのとき、自ずから表層模倣が生じやすくなっているでしょう。ビンのフタをまわしているお母さんを見たときに自分もビンのフタをまわしてみたくなるというわけです。これは同感とか共振とよばれる行動です。距離的なことをいえば、学び手のIはその人を通して学ぶべき他者YOUに近いところに位置づいています。

そのときに発生するものとして最近、わかってきたことにミラーニューロンというものがあります(13)。それはサルにも発見されていますが、他者の行為を見ているだけで、その行為をあたかも自分がしているかのように、自分自身の脳の中でその行為を自ら行っているかのような神経が発火する、そういうニューロン（神経細胞）があるというのです。こういう神経細胞がサルの運動前野に発見されました。ものをつかむとか、ピーナッツの殻をわるとかいう行為を見ただけで、自ら同じ行為をするときと同じような神経活動が活性化するのです。人の場合、手の動きだけでなく、口の動きを見たら同じような口の動き、表情を見たら同じような表情が写し取られる。ミラーニューロンは相手の内的な状態を自分の運動の表象を使ってリハーサルするわけです。当然、模倣において、相手を自分と同一視しており、共振して同感しているわけですから、いわゆる表層模倣にあたります。それが次の段階の、深層模倣の下敷きになるのです。

自閉症の子どもはミラーニューロン的な反応が非常に出にくいと言われています。[14] それが関係性の障害といわれているゆえんでもあるのですが、ミラーニューロンが全く存在しないというわけではないのではないかと筆者は考えています。ただ、それが活性化するためには、ごく親しい関係が成立していなければならないのですが、自閉症の場合、人との「親しい関係」そのものがつくりにくいわけで、そのため、ミラーニューロンの活性化が普通は見られない、ということかもしれません。しかし、他者の行動を見たときに強い関心をもった場合、つまり、相手と強いYOU的関係が形成できた場合には、相手の行為を見てミラーニューロンが発火し、ふと相手と同じ動きを自分もする、という共振的な「模倣」（表層模倣）が生じるという観察例があります（本書、第3章参照）。

共感（empathy）の発生から深層模倣へ

ところが、表層模倣が深層模倣になるには、同感ではなく共感（empathy）が発生しなければなりません。そのためには、YOU的他者が関わっている第二接面への注目が生まれなければばならないのです。他者の行為を意味づけているであろう状況への注目です。そこへ注目がいったときに、現時点の自分自身の様態や状況よりも、ＹＯＵのおかれている状況とＹＯＵが行う一連の行動系列がひとまとまりとして捉えられ、その行為状況全体の意味の表象ができたとき、自然に共感が生まれるのです。共感の定義として最も広く定着しているものは、「自分自身の状態や状況よりも、対象の様態とその状況に適合しうる行為が引き起こされること」ということですが[15]、それが起こるためには当然、相手が活動している状況全体への注目が必要であり、第二接面への注目が不可欠です。

相手と「距離をおいて」見る

アフリカのボッソー地区のチンパンジーがアブラヤシの実を石で割る習慣があることが以前から知られています。アブラヤシの実を石の台にのせ、その上にもう一つの石を打ち下ろして割るという行為は、きわめて複雑であり、オトナのチンパンジーがやっているのを見て育つ子どもにそれが獲得されるまで、何年もかかるようです。チンパンジーの赤ちゃんは母親がアブラヤシの実を石でたたいてわるのを、最初は母親のそばにくっついて見ています。その後、自発的に、母親のやっているように、石と石をぶつけてみたり、石を振り下ろしたりしますが、それらはすべて表層模倣です。それがある段階に達すると、今度は群れの中で上手に割ってい る「ベテラン」のチンパンジーのそばに近づいて、「少し離れた位置から」じっと見ています[16]。

この「少し離れてじっと見ている」のは、ベテラン・チンパンジーの行為だけでなく、その行為の「周辺の状況」を把握しようとしているのです。単に相手の行為を共振的・同感的に取込もうとしているのではなくて、やっていることの意味世界、やっていることの目的や意図をとらえるべく、周辺状況を見ているのです。そういうことで、台の形、ハンマーの大きさ、アブラヤシの実という三つが全ての関係全体が「意味あるものとして」理解され、収奪できたときに、納得された深い学習、すなわち収奪が起こるわけです。

「距離をおく」ということは、「共同注意」を可能にします。少し離れることで、相手が見ている世界が何かがわかり、相手が見ている「ソコ」、「ココ」を自分も見るのです。見るべき世界に目を向けるだけでなく、「目のつけどころ」を見るのです。

相手に、自分が見ている「ソコ」、「ココ」を一緒に見て欲しいとき、人は「宣言的指さし(declarative pointing)」をします。それはたんに同じものを見て欲しいだけではなく、見ていることの意図、意味を理解してほしいのです。「そっちに目を向ける」だけでなく、「ソコ」を見て欲しいし、なぜ「ソコ」を見て欲しいかを理解してほしい。自閉症の子どもには、そのような「宣言的指さし」が見られないと言われていますが、これも、一緒に「ともにいる」というYOU的関係が親密になったとき、あきらかに「宣言的」とおもわれる指さしが出たという観察事例もあります（第3章参照）。

相手がやろうとしている世界に注目し、なぜ、どういう意図でそこを見ているのかがわかると、深層模倣が発生します。単に相手が見ているものを一緒に見ただけでは、視線がそっちに向くだけです。視線の先にある世界の状況、意味を「ともに」見たときに、かかわることの意味や意義が納得できます。「少し離れる」ということは、第二接面的関心で相手とかかわるということになるのです。

やっている結果だけに注目すると、ZPDは生まれない

ここで、共同注視によって相手が見ているものや見ていることを自分も見る、という場合に、相手の行為の結果だけに注目してしまうと、いわゆる「結果主義」に陥ってしまいます。すなわち、それを生み出している主体への関心から、生み出された「結果」だけに関心が移ってしまうのです。アブラヤシを割っている先輩チンパンジーを「少し離れて」みていた若いチンパンジーは、先輩のしぐさをまねるのでなく、みごとに割られたアブラヤシだけに関心が移り、それを奪い取ってしまう、という行為に走ることがあります。「結果」だけに関心をいだき、それを生み出しているプロセスには関心が向かなくなってしまうのです。チンパンジーの場合、IとYOUの第一接面のかかわりが希薄なのかもしれません。幼稚園の幼児が、別の幼児が遊んでいる場面に近づき、じっと見ているうちに、その子が遊んでいるオモチャに関心が向いて、おもわず奪ってしまう、というのもこれと同じです。ここでは、観察している他者の行為に強い関心が向き、「すごいな」とか「みごとだな」とか「おもしろいな」と「感心」はしても、

それは「観客」になっているだけで、「生み出す側」への共感はないのです。したがって、学びも深まらない。当然、そこにはZPDは働いていないので収奪は生まれません。

最近学校教育で、みごとな科学実験の映像を見せたり、めずらしいシーンの緻密な画像を見せるということが盛んに行われていますが、生徒を「観客」にしてしまって、見ている間だけはなんだか「わかったような気」になっていても、その場面が過ぎ去ってしまうと、「あんなスゴイことは自分では思いつかない」と思わせてしまいかねません。

7　発達は「共感的かかわり」の中で生まれる

相手に「なってみる」ことの重要性

「結果主義」から脱して、ものごとを生み出す側（生成側）にたつには、「相手の身になる」ことが必要です。自分も相手と同じ意図をもって世界にかかわるということで、相手の行為の一つ一つが「意味のあること」として見えてくるのです。

さて、最近接発達領域（ZPD）の話に戻りますが、ZPDにおいて学び手にとって「他人とともにいるとできる」というときの「他人」とはどのような他者でしょうか。それは、共感的関係をつくれる他者でなければなりません。「この私の身に〝なってくれる〟」他者であり、ドーナッツ論でいうYOU的他者です。学び手とともに、共同注視を経て、ちょっと離れて見てくれて、「ああ、あなたそれがやりたいの」というようなことがわかり、そこで初めて「ともに生きる」世界がうまれ、「文化的実践」への参加がはじまるのです。

「できるようになる」というのは、何ができるようになるのか

ZPDにおいて、他者とともにいると「できるようになる」ことが発生するわけですが、そこで「できるようになる」とはどういうことでしょうか。

「できるようになる」というのは、共感的他者に対する視線の追従がおこり、他者が見ているものを自分も見みようとする、他者が手がかりにしている媒介を自分も使おうとする、そして、それだけではなくて、その使うものの意味、意図、目的、プランということがわかったとき、それらを自分自身もいだいているかのように想像できるようになってしまう、というわけです。それが収奪（appropriation）ということになります。そこでは行為がそのまま「できる」だけでなく、その行為の価値（よさ）、意義、文化的な広がりが「鑑賞（appreciation）」されるわけです。とうぜん、「次になすべきこと」の予感や「関係づいてくる別のこと」も見えてきているはずです。つまり、次への学びの準備が自然に形づくられているのです。

発達研究の関係論的組みかえ

上記のような分析を踏まえて、ここで、発達研究の関係論的組みかえということを提唱しま

す。

まず、第一に、それは発達というのは関係の中で生起するのだということです。それは特定の他者だけでなく、さまざまな媒介、資源を含み、まさにＹＯＵ的世界の中で発達が生じるということです。

第二に、発達するというのは関係性の広がりであり、ステップアップして関係をより広い視野で取り込めるということです。つまり、発達するのは、個人の個体の中に溜め込まれる「能力」ではなく、関わる世界の広がりにある、とするのです。

第三に、発達研究は関係論的にも研究すべきであるということです。それは、個人能力に焦点化して発達をとらえない、ということでもあります。特定の「能力」を取り上げて論じる場合でも、その「能力」が個体のもっているものがそのまま現れたとするのではなく、常に関係の中で立ち上がるものとして、どういう関係がそこに存在するかについて注目することです。思考を頭の中の操作、情報処理に還元しないということでもあります。常に周辺との「関係の変容」に注目することになります。

発達研究の関係論的組みかえというのは、いま発達そのものを関係論的にみるということと、発達していくその中に起こっていくことは関係が起こっていくということ、それから、発達を研究するということは関係論的に研究するということなのだということを、あらためて確認しておきたいと思います。

（１）Onishi, K. H. & Baillargeon, R. 2005. Do 15-month- old infants understand false beliefs? *Science*, 308, 255-258.

このオオニシとバイラジョン論文に対しては、その発表と同時に *Science* 誌の同じ号にパーナーとラフマンが反論しましたが、それに対してレスリーが反論、パーナーらが再反論を発表しました。これに対し、シブラとサウスゲイトがさらに反論し、それで一応、オオニシ・バイラジョン論文は信頼できる実験結果であるとして落着したようです。つまり、従来、四歳を越えるまで「心の理論」は獲得できないとされていたのは、実験が被験者に言語的応答を要求していたこと、実験状況が被験者自身にとってはそれほど関心のない「お話」にすぎなかったことなどの実験条件による結果であり、幼児が二歳未満でも他者の意図を読みとっているという点については、他の多くの実験からも示唆されていることから、オオニシとバイラジョンの実験結果はむしろ「出るべくして出た」報告であるとされたのです（Perner, J. & Ruffman, T. 2005. Infants' insight into the mind: How deep? *Science*, 308, 214-216.; Leslie, A. M. 2005. Developmental parallels in understanding minds and body. *Trends in Cognitive Science*, 9, 459-462; Ruffman, T. & Perner, J. 2005. Do infants really understand false belief? *Trends in Cognitive Science*, 9, 462-463; Csibra, G. & Southgate, V. 2005. Evidence for infants' understaning of false beliefs should not be dismissed. *Trends in Cognitive Science*, 10, 4-5.）。

（２）M・コール＆S・スクリブナー（若井邦夫訳）『文化と思考』一九八二年　サイエンス社（Cole, M. & Scribner, S. 1974. *Culture and Thought*. New York: John Wiley.）

（３）J・レイヴ＆E・ウェンガー（佐伯胖訳）『状況に埋め込まれた学習——正統的周辺参加』一

九九三年　産業図書（Lave, J. & Wenger, E. 1991. *Situated Learning: Legitimate Peripheral Participation.* Cambridge, UK: Cambridge University Press.）

（4）茂呂雄二「ＺＰＤからＬＰＰへ——開けＺＰＤ」福島真人編『身体の構築学——社会的学習過程としての身体技法』一九九五年　ひつじ書房　四五七—五一二頁

（5）Wood, D., Bruner, J. S. & Ross, G. 1976. The role of tutoring in problem solving. *Journal of Child Psychology and Psychiatry,* 17, 89–100.

（6）Ｍ・トマセロ（大堀壽夫・中澤恒子・西村義樹・本田啓訳）『心とことばの起源をさぐる——文化と認知』二〇〇六年　勁草書房（Tomasello, M. 1999. *The Cultural Origins of Human Cognition.* Cambridge, M. A.: Harvard University Press.）

（7）生後一二〜二一日の赤ちゃんが対面する大人の「舌出し」や手の動作を真似ることがはじめて詳細に報告されたのは一九七七年です（Meltzoff, A. N. & Moore, M. K. 1977. Imitation of facial and manual gestures by human neonates. *Science,* 198, 75–78.）。その後、多くの研究者がこの報告に疑問をいだき、さまざまな「反証」実験がおこなわれました。その中の一つの研究にジョーンズ（S. S. Jones）の研究があります（Jones, S. S. 1996. Imitation or exploration? Young infants' matching of adults' oral gestures. *Child Development,* 67, 1952–1969.）。ジョーンズは、赤ちゃんが大人の舌出しとは無関係に、興味深い事物を見せられたり、変わった刺激（チカチカ光るもの、など）を与えられただけでも舌を出すことを明らかにしました。さらに、アニスフェルド（M. Anisfeld）は、赤ちゃんの表情真似が「舌出し」に限られたもので、他の動作はほとんど真似をしないとしています（Anisfeld, M. 1996. Only tongue protrusion modeling is matched by neonates. *Developmental Review*, 16, 149–161.)。マーク・S・ブランバーグ著　塩原通緒訳『本能はどこまで本能か——ヒトと動物の行動の起源』（早川書房　二〇〇六年）では、ジョーンズやアニスフェルドの実験が詳細に紹介され、メルツォフらの実験がいかにいいかげんなものであるかをアピールし、メルツォフらはこれらの研究を完全に無視していると述べていますが、実はそんなことはないのです。メルツォフは、過去三〇年近い期間に行われた数十の実験結果を整理して、赤ちゃんが「舌出し」にかぎらず、きわめて多様な表情を真似たり、動作を真似ることができることは疑いを得ない事実であることが圧倒的多数の実験が示しているとしており、明確に、ジョーンズやアニスフェルドに反論しています（Meltzoff, A. N. 2005. Imitation and other minds: The “Like Me” hypothesis. In S. Hurley & N. Chater (Eds.) *Perspectives on Imitation: From Neuroscience to Social Studies*, Vol. 2, Cambridge, M. A.: MIT Press.)。

（8）「表層模倣」（surface imitation）と「深層模倣」（deep imitation）という言葉は、チョムスキーの生成変形文法で使われている文法の「表層構造（surface structure)」と「深層構造（deep structure)」の区別にちなんで筆者が名付けたものです。

（9）Gergely, G., Bekkering, H. & Kiraly, I. 2002. Rational imitation in preverval infants. *Nature*, 415, 755.

（10）佐伯胖『イメージ化による知識と学習』一九七八年　東洋館

（11）M・ポランニー（長尾史郎訳）『個人的知識——脱批判哲学をめざして』一九八五年　ハーベスト社

（12）佐伯胖『幼児教育へのいざない』二〇〇一年　東京大学出版会　一五三―一五九頁

（13）di Pellegrino, G., Fadiga, L., Fogassi, L., Gallese, V. & Rizzolatti, G. 1992. Understanding motor events: A neurophysiological study. *Experimental Brain Research*, 91, 176–180.

（14）伊藤英夫「自閉症の共同注意と指さし行動」大藪泰・田中みどり・伊藤英夫（編著）『共同注意の発達と臨床――人間化の原点の救命』二〇〇四年　川島書店　二二三―二五一頁

自閉症とミラーニューロンの機能不全によるという仮説についての最近の研究は、次の論文で詳しく解説されています：V・S・ラマチャンドラン／L・M・オバーマン「自閉症の原因に迫る」『日経サイエンス』二〇〇七年二月号（特集：ミラーニューロンと自閉症）、二八―三六頁

（15）Preston, S. D. & de Waal, F. B. M. 2002. Empathy: Its ultimate and proximate bases. *Behavioral and Brain Sciences*, 25, 1–72.

（16）ハイビジョン特集　〝天才〟チンパンジー親子　アイとアユム（NHK BShi 二〇〇六年一二月二八日　放映）より。

第2章　「共振」から「共感」へ
――乳児期における他児とのかかわり

1　乳児期の人間関係

最近では、乳児のもつさまざまな能力が注目され、その発達についての研究もさかんに行われています。

その中で、乳児が生後まもない時期から人の声や顔などに特に敏感に反応する、つまり、人への強い志向性をもっているということが明らかになっています。中でも特に、他者の情動表出に対しては敏感です。新生児が他児の泣き声を聞いてつられて泣くことがあります。これは情動伝染（emotional contagion）と呼ばれています。また、新生児が向かい合って口を開けたり舌を出したりする大人の動きと同じように、口をあけたり舌を出したりするということもよく知られています。[(1)] これは、共鳴動作（co-action）と呼ばれ、模倣とは区別されています。このような現象をみると、乳児は、他者の情動表出に対して類似の動きをするように生まれついているように見えます。

大人の側から見ると、乳児から自分がしたのと同じ表情や動きが返ってくれば、その大人は乳児と情動を共有できたと感じ、やりとりが継続されることにつながります。これらのことを考え合わせると、乳児があらかじめ人とかかわることを予定されて生まれてくるといわれるのもうなずけるように思われます。

養育者と乳児という関係

さて、乳児にとって、いちばん身近な他者は養育者です。一般的に、養育者は、乳児とのかかわりを成立させようとします。たとえば、おむつが濡れて不快な時、乳児は泣き、授乳の後には満足したような微笑みを浮かべるでしょう。養育者は、このような乳児の表情から、乳児がどんな状態にあるのかを読み取り、意味づけ、それに見合った対応をしようとします。

一方、トレヴァーセン（C. Trevarthen）(2)は、乳児の側にも基本的な情緒が存在していて、他者の反応に自分の情動の表出を合わせることができるとしています。つまり、乳児の情動の表出によって養育者の養育行動が引き出され、養育者が乳児に合わせて反応することで、乳児は自分の情動を相手が理解してくれていると感じるという一連の相互的なかかわりが生み出されると考えられるのです。このような乳児と養育者との相互的なかかわりを繰り返すことで、お互いの情緒的なつながりは次第に強くなっていきます。

従来、乳児期・幼児期前期の人間関係については、養育者やともに生活する家族とのかかわりを中心として研究が行われてきました。生後まもない乳児の主な生活の場は家庭であり、たいていの場合相互作用の相手は養育者であることを考えると、これはごく当然のことといえるでしょう。

これまで述べてきたような養育者との相互作用を繰り返してきた乳児は、生後数カ月になると、自分の欲求にいつも適切に対応してくれる養育者を自分にとって特別の他者として認識するようになります。そして、特別の行動を示すようになるのです。スピッツ（R. Spitz）によって名づけられた八カ月不安と呼ばれる現象は、繰り返された情緒的な相互作用の結果成立したアタッチメントと呼ばれる愛情の絆によって、乳児が養育者が見えるところにいることを強く求めるようになり、養育者が見えなくなること、自分から離れることに不安や抵抗を感じることから生じる現象としてよく知られています。

成長にともなって、乳児の人間関係はそれまで育んできた養育者との関係を基盤として他者との関係へと広がっていくとされています。乳児期に、養育者とのアタッチメントがしっかりと形成されていれば、養育者を「安全基地（secure base）」として活用することができるようになり、不安や恐怖に出会った時にはいつもそこに戻ることによって励ましや慰めを得ることができます。そしてまた、気持ちを立て直して外部に目を向け、他者とかかわっていくことができると考えられるからです。

乳児保育への批判

現代社会では、出生率が低下しているといわれる一方で、養育者の働き方の変化に伴って、乳児保育への要請はますます高まってきています。しかし、現在でも、乳児保育に対する否定的な意見が根強く存在しています。そこには、いくつかの理由があると思われます。

一つは、これまで述べてきたように、乳児期は、養育者との間のアタッチメントを築くための重要な時期であると考えられているということです。

日本にも、「三歳児神話」と呼ばれる育児についての固定的な考え方が存在してきました。保育所に子どもを預ける場合、養育者との分離を日々体験し、長時間にわたって養育者以外からの保育を受けることになるため、乳児が養育者との安定した関係を構築することを困難にし、やがては、その不安定な関係が他者との関係の広がりにも悪い影響を与えると考えられてきたのです。

二つめの理由としてあげられるのは、二歳ごろまでの乳幼児は、他の子どもにはあまり興味を示さず、かかわりも見られないと考えられてきたことです。もし、かかわることがあっても、モノを取り合う、相手の髪の毛を引っ張る、かみつくなどの行為がほとんどであることから、否定的なかかわりと見なされてきました。その結果、「乳児期には同年代の子ども同士の集団は必要性が低い」とか、「乳幼児を一緒にしてもお互いに関心を持たない」などという主張を生む原因になっていたと考えられます。

乳児保育の現場からの疑問

一方で、保育実践の現場では、このような考え方に対する疑問の声が早くからあがっていました。保育者によれば、乳幼児同士のかかわりや相手への関心はかなり早期からみられるというのです。

実際、乳児は、生後間もない時期から他児に関心を示します。筆者がフィールドワークをしている乳児院においても、生後三カ月の乳児が、隣で仰向けに寝て、目の前にある吊り玩具で遊んでいる他の乳児の方に自分の首を回して顔をそちらに向け、じっと注目する姿や、六カ月の乳児が、歩行器の中からうつぶせで遊んでいる別の乳児を見ながら、足をバタバタさせて「オーオー」と声をかける姿を見たことがあります。このことからも、生後数カ月の時期の乳児でも、他児への関心を持っていること、自ら相手に働きかけようとしていることがわかります。

保育場面での乳児の観察を行った研究では、生後三カ月の乳児でも他児に対して見る、発声する、さわるといった行動が認められ、生後四～五カ月になると、保育者に抱かれた状態で他児に手をのばしたりするようになるなど、早期から相手に対する興味を示すことが明らかにされています。(3)(4)

また、保育者たちは、乳児同士のかかわりが早期から見られることも指摘してきました。前出の研究でも、さらに月齢が上がり、九カ月になると、他の乳児にハイハイをして近づき、モノを介してやりとりする様子が見られるようになると述べられています。そして、一歳前後のモノを媒介としたかかわりの中で、乳児が相手の子どもにではなく、相手の手の中にあるオモチャに興味を示し、それをとりあうというやりとりを通して、偶然に相手への関心が示されます。そして、一歳後半になると、事物への関心と相手への関心が統一され、目的的な交渉が優位をしめるようになると報告されています(3)(4)。

ミュラーとルーカス（E. Mueller & T. Lucas）は、乳幼児の集団遊び場面の観察から、相互作用の三つの発達段階を示し、その最初の段階として一歳から二歳までのモノをめぐって生じるかかわりをあげています。それによれば、乳幼児は共通のモノに興味を示し、それをめぐって相互作用が生じるといいます(5)。

このように、研究の中でも乳児同士の相互作用が見られることは以前から明らかになっていました。しかし、問題は、その相互作用の在りようの受け止められ方でした。確かに、一歳前後の時期の乳児同士を見ていると、相手の持っているおもちゃをむりやり取ろうとしたり、楽しく遊んでいる相手に近づいていったかと思うと突然嚙みついたりするようなかかわりが頻繁に見られます。このような行為は、一見するととても相手とかかわろうとしているようには見えないのでしょう。その行為によって相手の遊びをじゃましたり、不快にさせたりしているのですから、かかわり方のみを見たときには否定的なものとして位置づけられるのも無理のないことかもしれません。

「乳児―乳児」と「大人（養育者）―乳児」という関係

ここでは、保育者たちが指摘する乳児同士のかかわりの在りようというのは、養育者とのかかわりとは異なる様相を示すということに注目したいと思います。「大人（養育者）―乳児」と「乳児―乳児」という関係の違いは、どんなところにあるのでしょうか。いうまでもなく、乳幼児期、特に乳児期のコミュニケーションの中心は、通常、養育者をはじめとする大人でしょう。たいていの場合、「大人（養育者）―乳児」の関係においては、初めから大人（養育者）側に乳児に対する配慮や愛情が存在していると考えられます。このような関係においては、大人（養育者）が子どもの行動を意味づけ、欲求をくみとることによって適切に対応しようと努力するだろうことは容易に想像がつきます。

しかし、「乳児―乳児」の関係を考えてみると、「大人（養育者）―乳児」間に見られるような配慮や愛情はたいていの場合は存在しないと考えていいでしょう。相手が何を訴え、何を望んでいるのかを読み取ろうとしてくれるわけではありません。この点は、大人（養育者）との関係とは決定的に異なる点であるといえます。それならば、乳児同士という新しいかかわりの構築には、大人との場合とは異なる独自のプロセスが存在するとは考えられないでしょうか。

以上のような視点から、改めて乳児同士のかかわりによく見られる行為を考えてみると、否定的にとらえられがちだった行為も、乳児同士がお互いのかかわりを深めていくプロセスの中では、何らかの意味を持っている可能性があるように思われます。

2　乳児同士のかかわりの構築過程

乳幼児同士の相互作用はかなり早期から見られるとする保育者たちの主張と、さまざまな研究によって得られた結果が食い違う理由の一つは、先にも述べたように、行為のとらえ方にあります。否定的に見える行為が、本当に否定的に解釈されるべきものなのかということを問い直す必要があると思われます。

もう一つは、研究の方法です。これまで行われてきた研究は、同一の対象児がどのように他の乳幼児とのかかわりを深めていくかというプロセスに焦点をあてて、縦断的に観察を行ったものはほとんどありませんでした。しかし、考えてみれば、保育の中からある一場面を切り取ったり、日常生活から切り離した環境で観察された乳幼児の姿をもとに、かかわりの在りようやその変化を見ていくことはほとんど困難ではないでしょうか。

以上のようなことから、筆者は、乳児の一日の生活の中での姿や、それまでの他者とのかかわりの積み重ねも含めて、対象児が他児とのかかわりを深めていくプロセスを追って見ていく必要性を強く感じるようになりました。そこで、ボランティアとして関わっていた乳児院でフィールドワークを開始しました。本稿では、約二年間に渡る継続的なフィールドワークを通して得られたエピソードをもとに、対象児が他の乳児とのかかわりを構築していくプロセスを丁寧に見ていくことにします。

筆者がフィールドとしているC乳児院は、〇歳から四歳までの約八〇名の乳幼児が月齢の近い四～五名ほどのグループに分かれ、それぞれの部屋で生活しています。

今回事例に取り上げるのは、入所時から同じ部屋で生活し、担当保育士も同じ二名の男児です。フィールドに入った時、シンジは生後五カ月、ハヤトは生後四カ月でした。

（なお、エピソード中の乳幼児、保育士の名前はすべて仮名です。）

「共振」する乳児

実際に乳児の姿を観察していると、【エピソード1】のような現象が頻繁に見られることに気づきます。

【エピソード1】（シンジ七カ月）　二〇〇三年六月

お昼ごはんを食べるため、シンジはいすに座り、保育者が食事の準備をしてくれるのを待っている。ナオコが同じように向かい合う位置に座っている。ナオコが足をパタパタと動かして椅子の足を蹴る。すると、シンジも同じように足をパタパタと動かす。ナオコが足の動きを止めると、シンジの動きも止まる。

これは、いつもは別の部屋で生活しているシンジとナオコが、偶然、台所で一緒に昼食をとることになった時の一場面です。保育者一人で二人の食事の介助をするために、シンジの座っているイスとナオコの座っているイスは、ほとんど横並びではありますが、円の弧の上に位置しているような形で置かれていました。二人はイスに座った状態で、保育者が自分たちの食事を準備しているのを待っていました。このとき、ナオコはシンジのことを特に気にとめているわけではなく、むしろ保育者が食器にかかっているラップを取ったり、スプーンで食器の中身をさましたりしているのが気になっていました。シンジも同じように、床に座って食事の準備をしている保育者を見ています。シンジは、ナオコの足が動き始めたので、一瞬、そちらの方に目を向けましたが、すぐにまた保育者の手元に視線を戻しました。シンジの足が動き始めたのは、視線が保育者に戻ってからのことです。シンジがナオコを意識して足を動かしたとは考えにくい状況でした。このように、ほとんど無意識のうちに、乳児が他者の動きと同じ動きを「してしまう」という場面はよく見られます。

この現象を説明しようとするとき、「共振（resonance）」という概念を用いるのがもっともふさわしいように思われます。前にも述べたように、乳児、とりわけ新生児は、周囲の個体の情動や態度に共振・共鳴しやすいと言われています。浜田・山口(6)によれば、音叉が共鳴するように感応的に呼応しあって相手と同型のしぐさが引き起こされると考えられており、乳児は他者のからだとの力動的な共振や共鳴によって他者と結びつくというのです。

物理学者であるコール(7)によれば、「共振」とは、一言で言えば、同調的な反響のことを指します。「人」や「モノ」はそれぞれ固有の周波数をもっていて、自分自身の持つ周波数と同じ周波数に振動し、同調するというのです。そして、その固有の周波数は単一の振動からできているのではなく、「和声的な（harmonic）」もの、つまり、いくつかの振動が合成されてできているると指摘しています。彼は、この概念は社会的にも心理的にも応用することができると言います。

つまり、前出の【エピソード1】のシンジとナオコも、それぞれが固有の周波数をもっているということです。それぞれのもつ周波数が同じないしは調和的（harmonious）であるためにお互いが振動しあい、同じ動きをするという現象が生じたと考えることができます。【エピソード1】の場合は、「人」が「人」に共振したととらえることができます。また、ある「モノ」を好むということは、その「人」と「モノ」の間に共振が起こるためと考えられるでしょう。これまで行われてきた研究の中でも、乳幼児同士のかかわりが成立しているかどうかを判断する一つの指標として、「モノ」を介してのやりとりの有無が用いられていることは前に述べました。その特徴として、多くの研究者や保育者が指摘するように、乳児の関心が直接他児に向かうのではなく、他児が持っている「モノ」に向いているように見えることがあげられます。これは、「モノ」のもつ独自の周波数が乳児のもつ周波数と「共振」しているからだと考えられます。

しかし、フィールドで乳児を観察していると、「共振」が起こるのは、「人」や「モノ」に限ったことではないようです。乳児や幼児期前期の子どもたちには、「誰かがモノを使って遊んでいる」、「人と人が遊んでいる」というような、ある「場面」に共振していると考えられる場面が多くあります。

前に述べたように、乳児期の子ども同士のかかわりにおいては、「人と人」「人とモノ」の間の共振も見られますが、それ以上に「人と場面」の間の共振が多く見られます。

寝返りやハイハイをするようになって、自分で身体の向きを変えたり、移動したりすることが可能になると、このような現象はより頻繁に生じるようになりました。

【エピソード2】（ハヤト七カ月、シンジ九カ月）　二〇〇三年八月一二日

シンジが振ると音の出るオモチャを使って遊んでいると、ハヤトが近づいてくる。ハヤトはシンジのもっているオモチャをとろうとして引っ張る。シンジも取られまいとして引っ張り返す。しばらく無言のとりあいが続いた結果、そのオモチャはハヤトのものになった。シンジは泣きながら取られたことを訴えに保育者の方にハイハイをしていき、ハヤトは自分のものになったオモチャを何回か振って音を出す。しかし、すぐに今度は別のオモチャで遊んでいるタイチに注目する。オモチャを振っていたためにバンザイをしているかのように上がった両手はそのままの位置に止まったまま、タイチをじっと見ている。少しして、持っていたオモチャをその場所にポイと放り出してタイチのほうにハイハイして移動していくハヤト。今度はタイチの遊んでいるオモチャを取ろうとして二人の取り合いが始まった。

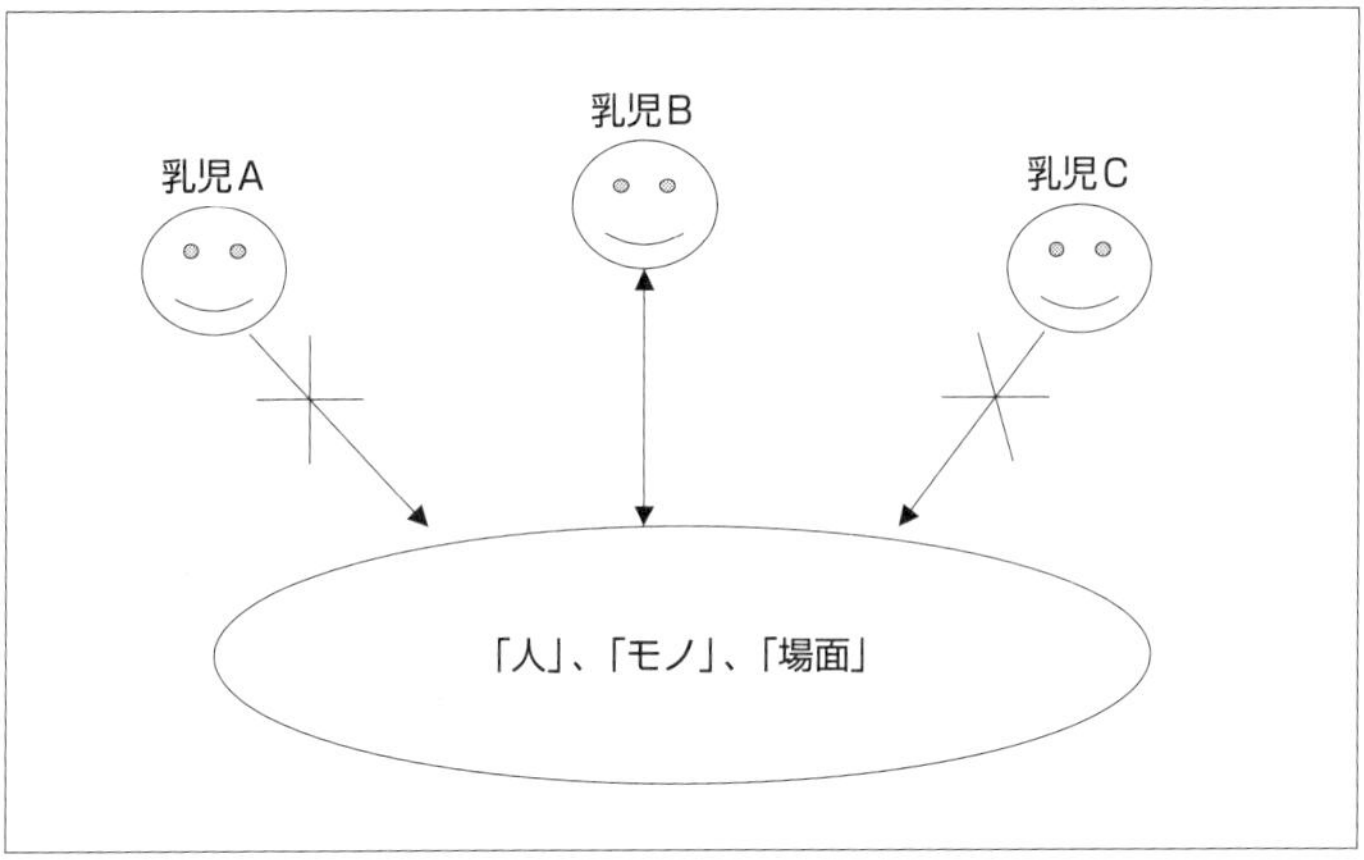

図1 「共振の成立」

【エピソード2】は【エピソード1】の二カ月ほど後のものです。一見すると、「モノを取り合っているだけ」の否定的なかかわりに当てはまるように見えます。しかし、「共振」という視点で見ると、違った解釈が可能になります。

ハヤトは、シンジの持っているオモチャの持つ周波数に共振しているように見えます。しかし、実は、そのオモチャはシンジが遊び始める前からその場にありました。つまり、このときは、オモチャそのものが存在するだけでは共振するという現象は起こっていなかったのです。シンジが床においてあったそのオモチャを見つけて手に持ち、振って遊び始めたとき、それが、ハヤトにとって特別の周波数を持ち始めたと考えられます。これは、「モノ」そのものではなく、「人がモノを使って遊んでいる」というその「場面」の持つ周波数が、シンジの持つ周波数との共振を引き起こしたということができるのではないかと思われます。

【図1】からもわかるように、ある乳児Bとの間には共振関係が生じても、別の乳児Aや乳児Cとは共振関係が生じるとは限りません。つまり、乳児自身の持つ周波数も、それぞれ固有のもの（しかも、いくつかの振動が合わさったもの）であり、「人」「モノ」「場面」が持つ周波数と一致あるいは同調した場合にのみ共振が生じると考えられるのです。

「人」や「モノ」「場面」を「じっとみる」という姿も共通して見られます。じっとみた後、移動して接近し、同じからだの動きが引き起こされていることから、共振の開始は、この「じっとみる」という状態であるととらえることが可能です。

また、【エピソード1】【エピソード2】において共通しているのが、共振している二人の「からだ」の動きです。お互いが同じからだの動きをしているのです。

鯨岡は、からだの感受機能として二つの次元をあげています。(8)

一つは、からだが直接何かにふれあうときの「直接的感受機能」、もう一つが、他者に起こったことを遠くから見ているだけなのに、からだが自然に感応してしまう「遠隔的感受機能」です。彼は、廣松が、人間のからだを振動数の等しい音叉にたとえ、一方が振動すると他方が共振・共鳴するという表現で「遠隔的感受機能」を説明していることをあげています。これは、浜田が、人間はその「同型性」によって相手と一体化すると述べていることとも一致しています。つまり、人間は、「からだ」で多くのことを感受しているということです。

また、他者の運動を観察した時と、自分で同様の運動を行うときの両方の場合に活動するミラーニューロンと呼ばれるニューロンが人間にも存在することが明らかになっています。このニューロンは、他者が手で何かをつかむのを見ているときに、自分が手で何かをつかむときと同じような運動を始動する神経が活性化されます。その結果、他者の行為が鏡に反射するように表出します。つまり、乳児も、相手がしていることをあたかも自分も同じことをしているように感じている、他者の動きを自分自身の動きのように感じているといえるでしょう。

このように考えると、人間の「からだ」が持つ「同型性」や「遠隔的感受機能」によって、他者と共振することは、乳児にとって、自動的に他者がしていることを自分のしていることのように感じるという体験をもたらすと考えられます。

移動が自由にできるようになった【エピソード2】のシンジは、これまでとは異なり、次から次に新しい「場面」に共振して近づいていきます。

ここで注目しなければならないのは、シンジは次から次へと他児が遊んでいるオモチャを取り上げているだけのように見えますが、他児がやっていた行為そのものを自分も同じように行っているということです。他児が振って音をだしていればそれを自分が手に持って振ってみる、他児が口にいれていれば自分も口にいれてみるというように、他者の行為を同じように繰り返しています。

【エピソード1】では、シンジはナオコに共振して無意識に同じように足を動かしています。

共振した結果、自動的に同じからだの動きが引き起こされてしまったと考えられます。

【エピソード2】は、じっと見て、「場面」に共振した結果、その「場面」への積極的な接近が生じ、その後同じからだの動きがひきおこされています。さらに、接近することによって、「場面」の中の行為主体であった他者との接触がもたらされたのです。

ただし、この時点では、行為の主体が誰であるかということについては全くこだわりがありませんでした。散歩で訪れた公園で、初めて会った他児との間でもこのような現象が見られ、相手がそのときによってさまざまなのが特徴的でした。

「共振」からうまれる他者とのやりとり

【エピソード3】(ハヤト九カ月、シンジ一〇カ月) 二〇〇三年九月二六日

傾斜板をのぼって遊んでいたシンジが、カーテンのかげにもぐってしまった。担当保育士の吉川さんが、「あれ、シンジくんどこかな~?」といいながら近づいてきて、カーテンをそっとめくると「あっ、こんなところにいた~」と嬉しそうに言う。シンジも嬉しそうな顔をする。吉川さんが「ほら、シンジくん。いないいないばー」と言いながら、自分の顔をカーテンで隠し、いないいないばーをしてみせる。シンジは声をあげて笑い、吉川さんは何度か「いないいないばー」と言いながら繰り返してやってみせる。「シンジくんもやってごらん。」と言って、カーテンでシンジの顔を隠し、「ばー」のところでカーテンをどける。顔が合って声を出して笑いあうこ

とを何回か繰り返すと、シンジは自分の手でカーテンをもって、吉川さんの「いないいないばー」の声にあわせて顔を隠したり、出したりするようになる。二人がおもしろそうになんどもいないいないばーをしていると、ストローをペットボトルにいれるのに熱中していたハヤトはそちらのほうをじっと見つめる。手はストローとペットボトルを持ったままで止まってしまっている。吉川さんとシンジが「ばーっ」と言って顔を出すところで、ハヤトも二人と同じように笑顔になる。しばらくシンジと吉川さんのいないいないばーを見ていたハヤトは、手に持っていたペットボトルとストローをその場にポイとほおり投げてカーテンの所に行く。そして、自分もシンジと同じようにカーテンのかげにかくれて顔を出す。吉川さんがそんなハヤトに「ハヤトくんも、いないいないいないばーっ。」と言って同じように笑顔を向ける。今度はシンジが、吉川さんとハヤトのいないいないいないばーを見て、「ばーっ」のところで笑顔になる。

【エピソード2】では、「場面」の行為主体である他者との接触がもたらされましたが、相手とのやりとりには至っていませんでした。自分がオモチャを奪い取ってしまったために相手が泣きだしても全く気にもとめていません。しかし、【エピソード3】では、行為をしていた相手と直接のやりとりが生じています。

シンジと保育者のしていたいないいないばーの場面に共振し、「場面」に接近したハヤトは、自分から、いないいないばーのからだの動き（カーテンで顔を隠し、それを取り除いて顔を出す）をしています。すると、今度は保育者がハヤトに向かっていないいないばーをしました。この

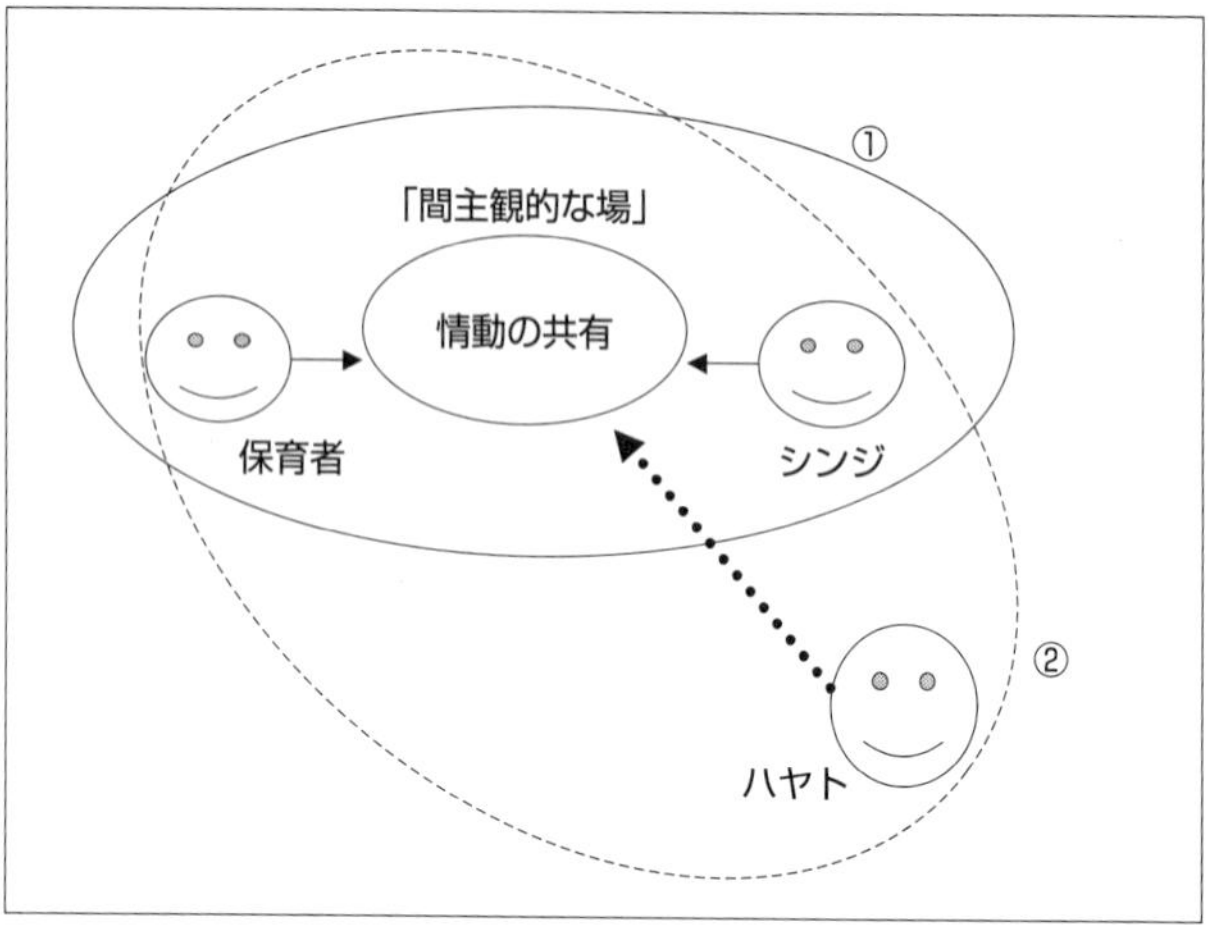

図2　「エピソード3」における間主観的関係—1—

後、保育者とハヤトがカーテンを境にして交互に顔をだすという行為が何回も繰り返されることになったのです。

この【エピソード3】では、これまでとは異なる点が見られます。

ハヤトが、いないいないばーをしているシンジと保育者を見て、「ばーっ」と二人が顔を合わせる場面で、自分がそこに参加しているわけではないのに、二人が笑顔になるのと同じタイミングで自分も笑顔になっているということです。人間は「からだ」で多くのことを感受しているということは述べましたが、このエピソードでは、保育者とシンジの間で共有されている「楽しい」「おもしろい」という情動がハヤトにも伝わっていることがわかります。つまり、保育者とシンジが作り出している「場面」に共振したハヤトは、二人

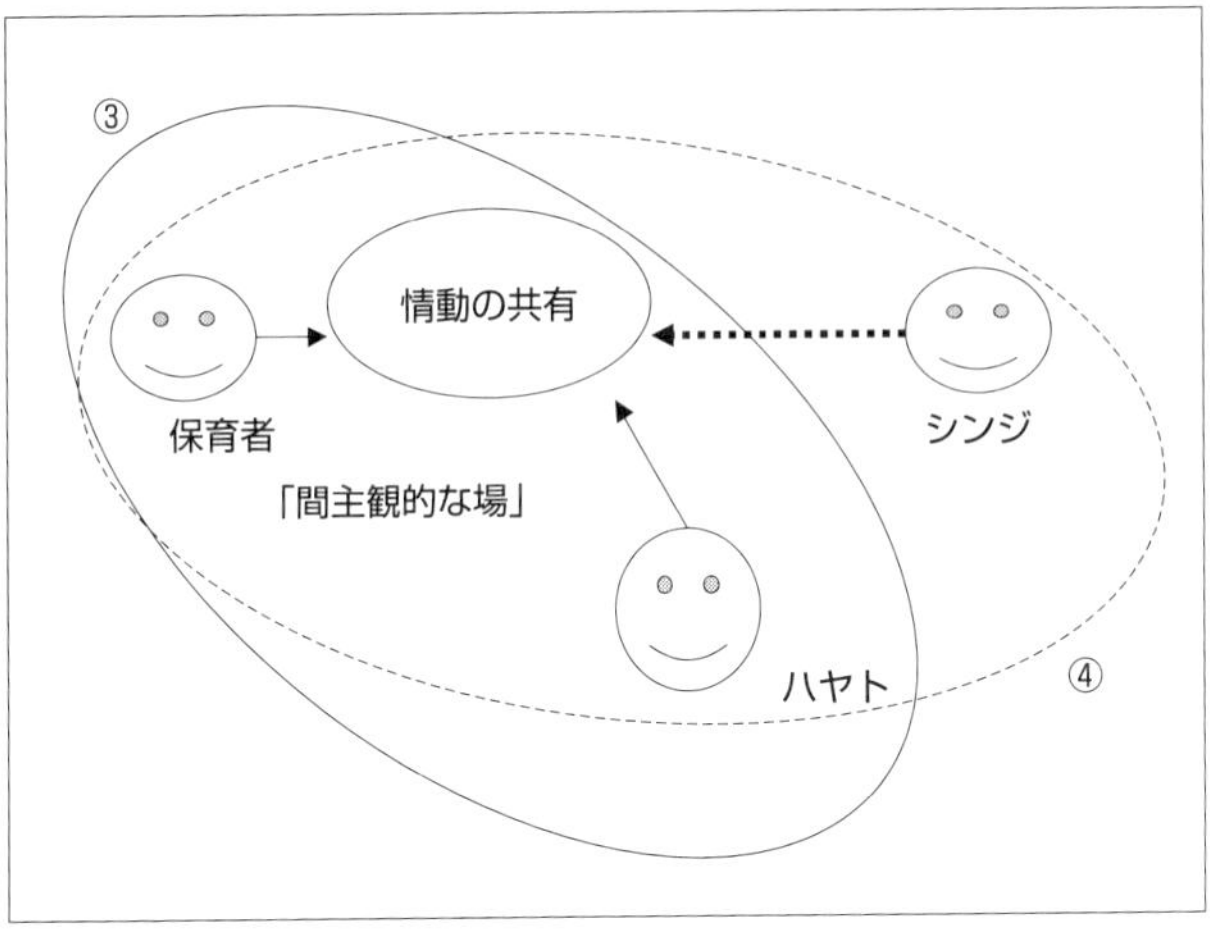

図3 「エピソード3」における間主観的関係―2―

の間にある快の情動を自分自身のものとして感じているのです。

このように、二者の間にある情動が共有されている場合、「間主観的」な関係にあると考えることができます。つまり、ここでは保育者とシンジの間に「間主観的な場」が形成されているといえます（図2-①）。さらに、【エピソード3】では、この「間主観的な場」の外にいながら、この場で共有されている情動を自分のこととして感じているハヤトが存在しています。ハヤトは、「間主観的な場」の中にある情動を「間主観的」に共有しているということになります。（図2-②）。

さらに、エピソードの後半では、ハヤトと保育者の間に共振が生じました。同じからだの動きをすることによって、二人の間に直接のやりとりが生じています。やりとりは何回も繰り返され、ハヤトと保育者の間でも快の情動の共有、つまり「間主観的」な関係が見られています（図3-③）。その後、今度はシンジがハヤトと保育者の間に共有されている「間主観的な場」にある情動を「間主観的」に共有するという現象が生起しているのがわかります（図3-④）。

「からだ」の動きと「共振」

一歳半ばになると、自分のからだを思うように動かせるようになり、歩くことにとどまらず、階段の上り下りをしたり、走ったり、跳んだりするなど、自由に行動するようになってきました。動きもだんだんダイナミックなものになっています。

【エピソード4】（ハヤト一歳六カ月、シンジ一歳八カ月）　二〇〇四年七月二三日

午後の中庭。三輪車に乗るのにあきたシンジが、ゲームボックスにのぼり、道路を見ている。自分のかぶっていた帽子を取ると、それを手で持って大きく振り回し始める。「シンジくん、それ（フェンスの）外におとさないでよ〜。」と吉川さんが声をかける。シンジはそれをきくと、より一層おおきく帽子を振り回して、吉川さんを見て「へへーッ」と笑う。（中略）シンジは、さらに帽子をふりまわす。（振り回すとき、シンジは「ブーッ……ビューッ……」と口でいいながらやっていた）すると、ハヤトがやってきて、ゲームボックスの上に上り、ニコニコして自分も帽子をとる。そして、シンジが振り回すのにあわせて、自分も帽子を振り回し始めた。自分で

も「ブーッ」と音を出している。シンジとハヤトはお互いに顔を見合わせてニコニコしながら、より大きく帽子を振り回し始める。ふたりの「ブーッ……ビューッ」という声もいっそう大きくなり、どんどん興奮が高まった声になる。すると、帽子を振り回すうちに、お互いの帽子がぶつかる瞬間が出てくる。ぶつかった時に声をあげて笑うシンジとハヤト。しばらく帽子をふりまわしてぶつかることを楽しんでいた。帽子を持っている手がぶつかると、どちらかが手をはなしたり、あるときは同時に落としたりして「あ～あ」と言って嬉しそうに顔を見合わせる。

【エピソード4】では、どちらかが相手に共振することから始まって、お互いが同じからだの動きをしているうちに、二人の動きが合うようになっていきます。そして、それにつれて、興奮も高まっていくという現象が見られました。これまでとは異なり、動いているうちにだんだんと動きが一体化し、激しさを増すということが頻繁に起こるようになってきたのです。

このような場面では、あまりの興奮とからだの動きの激しさに、保育者が途中でそれを止めようとしても聞き入れず、すぐにどちらかが同じ動きを再開してしまうという姿が見られました。そして、お互いにからだの動きを合わせているのを確認しながら、さらに、幼児同士が顔を見合わせて楽しさを確認しあうという行動が見られるのです。しかし、どちらかが興味を失ってからだの動きを止めると、もう一方も自分の動きを止め、興奮も急速に収まっていきます。

コールは、共振が継続するためには、付加されるエネルギーが必要だと言います。【エピソード4】では、からだを同じように動かしながら、ハヤトとシンジはお互いに視線を合わせ、気持ちを共有しているということを確認する様子が見られます。

さらに、このような場面を注意して見ていると興味深いことに気がつきます。ある日、中庭で遊んでいるとき、シンジがその場でぐるぐると回り始めました。すると、その様子を見ていたハヤトがシンジのそばにいって同じようにぐるぐると回り始めます。【エピソード4】で見られたのと同様に、お互いがお互いの様子を気にしながらだんだんとからだの回転が速まっていきました。その、最も回転が速く、興奮も高まった状態はしばらくの間維持されます。

どのように維持されているのかをみてみましょう。どちらか一方の回転のスピードが弱まると、もう一方が回転のスピードを速めます。すると、それにつられるように、弱まっていた回転がまた加速していくという現象が繰り返されるのです。つまり、自分自身が回転をしている時とは異なり、共振している相手の動きがエネルギーとして付加されることによって、共振関係の継続を助けていると考えられます。

コールはまた、人間が自分と完璧に波長の合う（in tune）友達や配偶者を探すことを例にあげ、人は、周囲にたくさん存在する周波数の中で、自分自身も波長（tune）をその時々で変えながら、波長の合う「人」や「モノ」を探しているのだとも述べています。【エピソード4】のシンジとハヤトは、お互いに相手のからだの動きと情動をたえずモニターしています。これは、共振している現在の状態を継続させるために、相手が声を出せば自分も同じように声を出し、動き方を変えれば自分も変えるというように、自分の周波数と合っている相手の周波数の中の、ある振動を見つけ出し、それに合わせていると考えることができます。自分が相手に合わせ、相手も自分に合わせることによって、強まっている振動からお互いがずれないように調節し、共振している状態をより長く継続することができるのです。

このような、からだの動きが相手と一体化することによって興奮が高まるという体験を積み重ねることは、二者の関係の深まりに大きな影響を及ぼしているようです。この時期になると、シンジとハヤトは、他にもいる幼児の中でも、特に共振が生じやすくなっていました。これまでは、共振するのに、相手がだれであるかということは全く関係がありませんでした。このことは特徴的でもあったのです。シンジもハヤトも、特別にお互いを意識していたわけではありませんでした。しかし、からだの動きが一体化し、興奮が高まるという場面を共に体験するにつれて、かかわりがうまれやすい相手になっていったと考えられるのです。

「共振」を作り出そうとする試み

関係が深まるにつれて、特定の相手を意図して自ら働きかけていると考えられるエピソードが増えてきました。自分が行動を起こした後、誘いかけるように振り返って相手の表情を見たり、相手が何をしているかを確認するという行為が見られるようになってきたのです。さらには、相手をひきつけるもの（相手と周波数があうもの）を持って誘いかけるような行動をすることもありました。

【エピソード5】（ハヤト一歳九カ月、シンジ一歳一一カ月） 二〇〇四年一〇月一五日

昼食の後、シンジがおもちゃの飛行機を手に持って、テーブルの周りを「ブーン」といいながら走り始めた。私の横にすわってお気に入りの絵本をみていたハヤトは、シンジのほうに視線を向ける。少しの間、笑顔をうかべてシンジが走っているのを見ていたハヤトも、床にちらばっているおもちゃのなかから飛行機を見つけ出し、シンジの後ろを同じように走り始める。ハヤトは走りながらシンジを振り返って見る。ハヤトの方が少し後からおいかけているような形になっているため、テーブルをはさんで二人の顔が合う。すると、シンジの顔を見てハヤトが嬉しそうに笑い、シンジも笑う。ふたりはテーブルのまわりをぐるぐるとまわりながら笑いあい、笑い声もだんだんと大きくなっていく。シンジも走りながら振り返って何度もハヤトを見ている。

【エピソード5】で、シンジが手にしている飛行機のオモチャは、ハヤトも好きなオモチャで、それをめぐって取り合いになるのは日常的な出来事でした。つまり、ふたりにとってこの飛行機のオモチャは「共振」する「モノ」だったといえます。この日の昼食前にも、自分が先にとって相手の目につかないところに隠しておいたり、わざと相手の目の前をそのオモチャを持って走って見せびらかしたりする姿が見られていたことからも、シンジもハヤトも、相手がこのオモチャを好きだ（共振する）ということを承知していることがわかります。このことからも、相手の興味を引くだろうオモチャを、自分が手にとって遊び始めるという行動は、相手が共振するモノを用いることによって、その相手を共振させることを意図して行動を起こして

いると解釈してよいのではないかと思われます。前出のコールは、さまざまなものの特徴は、それらが反応するものによってきまると言います。たとえば、私たちが好んで読む本や一緒に過ごす友だち、仕事などは私たちが持つ振動に対して反応したものであるというのです。つまり、シンジが好むものが、ハヤトが共振するものなのだということを理解していると考えられるのです。

このように、いつも自分たちの周りにある「モノ」の中でも、相手が好む（共振する）ものとそうでないものがあるということを理解した行動が増えました。それを、自ら特定の相手との共振関係を作り出すための道具として用いています。さらに、からだの動きをあわせることと、相手との情動共有ができていることを常にモニターすることにより、関係もある程度長く継続しています。しかし、この時点ではその関係を継続させようという努力はまだ見られません。例えば、一方がほかのことに興味をひかれたりすると、それまで続いていたやりとりが唐突に終結してしまっていたのです。

このことは、共振が継続するためには、ふたりの興味や関心が同じ方向に向いていることが必要であるということを示しています。ブランコの揺れの自然なリズムから少しでもずれてこぐと、それまでの高さや早さを維持できなくなってしまうのと同じように考えることができるのです。

特別の他者の誕生

【エピソード6】では、相手の目標に自分が意図的にあわせていこうとしていると考えられる行動が見られます。

【エピソード6】（ハヤト一歳一一カ月、シンジ二歳一カ月）　二〇〇四年一二月一七日

天気が悪いので、お昼寝の後廊下で遊ぶ。廊下に飛び出して走り始めたハヤトの後をシンジもついて走り出す。二人は追いかけあうような形で走っているのだが、廊下の端までいっては折り返して戻ってくるため、だんだん廊下の真ん中で出会うようになってくる。二人は出会ったときに視線を合わせて笑顔になり「キャーッ！」と大きな声をあげる。離れていきながらも、お互いに振り返って相手を見ている。

（中略）ハヤトが廊下の突き当たりにあるソファに「ダーン」といいながら身体を投げ出すと、後から走ってきたシンジも同じように身体を投げ出す。笑い合ってはまた走り出す。走っている途中で、シンジが消防車（上にのって動かせるようになっている）をみつけ、それに乗って走り出すが、ハヤトは一瞬見ただけで、廊下を走っていって、またソファの上に「ダーン」と身体を投げ出す。それを見たシンジは、消防車から降り、また廊下を走って行き、ハヤトと同じようにソファに倒れこんだ。

シンジは同時に廊下に飛び出した四人の子どもたちの中で、迷うことなくハヤトの後を追って走り始めました。この時点では、何をして遊ぼうとしているのかという手がかりすら見られ

ません。シンジは、他の誰でもなく、ハヤトと遊びたかったのでしょう。

　これまで、シンジとハヤトは、おなじ部屋で生活する子どもたちの中でも共振しあう機会が多く、からだの動きの一体化と快の情動の共有を積み重ねてきました。このことが、お互いを「特別の他者」として認識することにつながったと考えられます。

　シンジは突然、普段よく遊んでいる消防車に乗って走り出しますが、ハヤトは全く興味を示さずに通り過ぎていってしまいました。それを見たシンジは、消防車から降り、ハヤトのしている遊びに自分を合わせていきました。これは、共振している状態、つまり、からだの動きが一体化し、快の情動を共有している状態を継続させるために、自分自身の動きを相手の動きに合わせる必要があったということはもちろんですが、別のとらえ方をすれば、シンジにとって「ハヤトと一緒にするのを楽しむこと」が重要であり、そのために、自分のやろうとしていたこと（消防車に乗ってあそぶこと）を調整してハヤトの目標（これまでのあそびを継続すること）に合わせたと考えることができます。

3　乳児同士のかかわりの深まりにおける「共振」の役割

乳児期のかかわりを築くカギ――「共振」

　これまで、生後数カ月の乳児の時期から約二年間にわたる、乳幼児同士のかかわりの深まりをみてきました。その結果、乳幼児同士がかかわりを深めていくプロセスは、「大人（養育者）―乳児」がかかわりを築いていくプロセスとは異なっていることが示唆されました。

乳児同士のかかわりの鍵となっているのは、「共振（resonance）」であると考えられます。コールによれば、人間は、ひとりひとりがさまざまな振動が合成された独自の周波数を持っています。それは人に限ってのことではなく、「モノ」についても同じように独自の周波数があります。そのため、同じ周波数を持つもの同士は共振しあうという現象が生じるのです。

乳児同士のかかわりが深まっていくプロセスにおいて、まず最初に見られるのが、もっとも原初的な形の「共振」です。観察開始当時は、人がしている動きに共振して自分も同じようにするという現象がよく見られていました。このような現象は、無意識に、かつ、自動的に引き起こされているものと思われます。

乳児は生まれたときから、人の情動や行為に共鳴・共振しやすい傾向を強く持っていると言われています。つまり、乳児はこの生まれながらに持ち合わせている強い傾向性によって、もともと共振しやすい状態にあると考えられます。

さて、乳児同士のかかわりの中で、重要な意味を持っていると考えられるのが、「場面」に共振するという現象です。「人」や「モノ」に共振するのと同じように、「人が何かをしている場面」に共振する姿がよく見られます。つまり、その「場面」も独自の振動数を持ち、乳児と共振するととらえることができます。

この「場面」との共振が頻繁に生じている時期は、その「場面」の行為主体が誰かということは全く関係がありませんでした。しかし、「場面」に共振することによって、自分がその「場面」に積極的に接近し、行為主体とからだの動きが一体化します。さらにからだが自由に動くようになると、その「場面」での行為主体との「楽しい」「おもしろい」という快の情動の共有が起こることになります。その快の情動の共有を積み重ねるにつれて、相手を特別の他者として認識するようになっていくと考えられるのです。

つまり、月齢が低い時期に、共鳴・共振しやすい傾向が強いということは、ある意味で、その時期こそ最も他者に向かって開かれているといえるのではないでしょうか。

最初は「場面」に共振して他児とかかわっていた乳児も、だんだんと特定の相手とのつながりを求めるようになっていきます。その特定の相手の共振する対象である「モノ」を道具として用いて、自分から「共振」を作り出そうとするようになっていきます。つまり、快の情動を共有した体験が、相手とまたその情動を共有したいという欲求を生み、結果として、特定の他者を生み出すことになるのです。その過程で、相手が選択的になっていくということがいえるのではないでしょうか。

「共振」における「からだ」の役割

乳児同士の共振には、からだが大きな意味をもっています。

森は、幼児が遊びの中で「からだ」をとおして共振し、それによって相手の動きを直接知覚し、相手の動きに共振することによって遊びのイメージを共有していることに言及し、共振の基盤に「からだ」が存在していることを指摘しています(9)。

まず、自分のからだを自分自身で動かせるようになると、共振によって他児がしている動きを自分自身が同じように行うということが生じます。

やがて、自分で自由に移動ができるようになると、共振した対象への積極的な接近が生じます。からだの動きを相手と合わせていくことによって、興奮が高まり、相手との快の情動を共有することができるのです。からだの動きのリズムやスピードを合わせることで、情動を伝達しあっているのです。

このことは、岡本・浜田がいうように、からだとからだが通じ合っているときには、お互いの間に間主観性が存在し、「からだ」を通してのコミュニケーションが成立していると解釈することができます(10)。

このように、からだの動きの一体化と快の情動共有を積み重ねる機会の多かったシンジとハヤトは、同じ部屋で生活する他の幼児よりも、強くお互いを意識するようになっていきました。「いっしょにすると楽しい」特別の他者としての相手が誕生したと考えられます。

「共振」から「共感」へ

二歳になるころには、シンジとハヤトは、相手がなにをしたいのかという意図を読み取って行動するようになっていきました。

【エピソード7】（ハヤト二歳一カ月、シンジ二歳三カ月）　二〇〇五年二月二四日

「はらぺこあおむし」の絵本を二冊つなげて並べ、「でんしゃ」というハヤト。それを見ていたサトシが自分が持っていた絵本をつなげようとするとハヤトはその本を取って放り投げてしまう。サトシは泣きそうになりながら本を拾う。シンジは小走りに窓のほうまで行き、キョロキョロ周りを見回している。そして床にちらばっているおもちゃや絵本の中から「はらぺこあおむし」の絵本を見つけてそれをハヤトのつなげたものにつなげる。ハヤトは笑顔になる。今度はハヤトが立ち上がり、「はらぺこあおむし」の絵本を探して戻ってくるとまたつなげて置く。シンジが動かそうとするが、長いのでうまくいかない。今度はハヤトが動かそうとするがばらばらになってしまう。二人は「あ〜あ」と残念そうな声をだすがまた一緒に本をつなげて並べ始めた。

これまでは、どちらかが相手のからだの動きに合わせることによって一緒に遊ぶことを楽しみ、それが結果的に共振の継続につながっていました。しかし、【エピソード7】の二人の様子は、これまでとは異なっています。シンジとハヤトは、「同じ絵本を並べて電車を作る」ことを共通の目標にして、お互いに協力し合っているのです。

以前は、どちらかが相手のやりたいことに自分を合わせていました。この場合、「からだが

同じ動きをすること」と「快の情動が共有されること」が非常に重要な意味をもっていました。しかし、ここでは共通の目標が見られるのです。ハヤトが、サトシがもってきた絵本を自分が作った電車につなげさせなかったのを見て、シンジは「はらぺこあおむし」の絵本を探しに行きました。

この二人のやりとりから、「はらぺこあおむし」の絵本をつなげて電車を作ることが共通の目標となって、それに向かって協力していることが読み取れます。

トマセロ（M. Tomasello）らは、幼児が他者を目標志向的な存在として理解するようになるにつれて、一緒に活動する中で、お互いに目標を共有し始めると述べています。(11)【エピソード7】のシンジとハヤトは、自分と異なる目標を持つ他者を理解し、目標を達成するためにお互いに協力していると考えられます。これは、相手の意図、目的を理解し、「そのひととともに」達成しようとするという共感につながる重要な一歩ではないでしょうか。

4　乳児保育の意義の再考

集団保育の場では、子ども同士の人間関係は、個から仲間との協調に向かうと考えられています。そのため、乳児期から二歳ごろまではひとりひとりが自分のしたい遊びに十分に取り組める環境づくりが重要であるとされます。そして、三歳ごろになると、少しずつ他児への関心も高まってグループで遊ぶ姿も見られるようになり、それぞれの意見を調整することの難しさを体験しながら、だんだんと一人でいるよりも友だちと遊ぶほうが楽しいと感じられるようになると考えられているのです。

しかし、共振することから他児とのかかわりが深まっていくプロセスにおいては、月齢が低い時期は特に共振しやすく、さまざまな他者との接触やかかわりがうまれていました。つまり、この時期、もっとも他者に開かれていると考えることができます。

共振からその対象への接近が生じ、からだの動きの一体化に伴う快の情動共有のつみ重ねによって「他者とともにあることが楽しい」ということを感じられるようになるのです。そして、生活をともにする中で、だんだん選択的な相手が誕生していきました。このことから考えると、乳児期に同年代の他者とともに過ごすことは、この時期の子どもたちにとって大変大きな意味を持っているのです。

また、これまでは、「ものの取り合いが多い」とされてきた時期ですが、共振という視点でこの行為を見ると、全く別の解釈をすることが可能です。つまり、「場面」に共振した結果、乳児が積極的にその「場面」に接近し、「場面」の行為主体との接触が生じたととらえられるのです。このように、他者とのかかわりのきっかけとなる出会いをもたらす「場面」もまた、乳児保育の場にはたくさん散りばめられているのだといえると思います。

少子化や核家族化に伴って、子どもたちの人とのかかわりの在りようも変化しているといわれます。現代の子どもたちにとって、人間関係の基盤を培う場としての幼稚園や保育所の果たす役割はますます大きくなってきています。これまで述べてきたような点から、乳児保育の意義を見直し、保育のあり方を考えていくことが必要なのではないでしょうか。

（1）第1章注（7）参照。Meltzoff, A. N. & Moore, M. K. 1983. Newborn Infants Imitate Adult Facial Gestures. *Child Development*, 54, 702-709.
（2）Trevarthen C. 1993. The Self Born in Inter-subjectivity: The Psychology of Infant Communicating. In U. Neisser（ed.）, *The Perceived Self: Ecological and Interpersonal Sources of Self-knowledge*. New York: Cambridge Univercity Press, pp. 121-173.
（3）江口純代「乳幼児期初期における子ども同士の交渉（その1）――〇歳から三歳までの子どもたちによるあそび場面における一歳児の場合」北海道大学紀要二九巻二号　一九七九年　一六一―一七四。
（4）遠藤純代「〇歳後半期における子ども同士の交渉――道具の役割を中心として」保育学年報二六巻　フレーベル館　一九八八年　一五五―一七一頁。
（5）Muller, E. & Lucas, T. 1975. A developmental analysis of peer interaction among todollers. In M. L. Lewis & L. A. Rosenblum（Eds.）, *Friendship and peer relations*. Wiley. pp. 223-257.
（6）浜田寿美男・山口俊郎『子どもの生活世界のはじまり』一九八四年　ミネルヴァ書房

（7） Cole, K. 1985. *Sympathetic Vibrations: Reflections on Physics As A Way of Life.* Bantam New Age Book. pp. 264-276.

（8） 鯨岡峻『原初的コミュニケーションの諸相』二〇〇三年 ミネルヴァ書房

（9） 森司朗「幼児の『からだ』の共振に関して――対人関係的自己の観点から」保育学研究三七巻二号 一九九九年 二四―三〇。

（10） 岡本夏木・浜田寿美男『発達心理学入門』一九九五年 岩波書店

（11） Tomasello, M. 2004. Understanding and Sharing Intentions: The Origins of Cultural Cognition, *Behavioral and Brain Science,* University Press.

第3章　「共に」の世界を生み出す共感
——自閉傾向のある子どもの育ちを支えたもの

1　「共に」の世界がない保育

自閉傾向のある子どもとの出会い

私は勤務していた幼稚園で自閉傾向のある子どもタツヤ（仮名）と出会いました。二年保育の年中児クラスに入園したタツヤの行為は私にとって理解しがたいものばかりでした。タツヤは登園してくると、ひたすら保育室の扉や窓を開閉して過ごしたり、何本ものストローを、ただただハサミで切り続けたりしていました。園庭に出ると三輪車にまたがり歩くように足で地面を蹴りながら前進し園内を数周した後、園外へと出て行ってしまいます。後を追いかけて制止する私の言葉には「はい、はい」と立派な返事をして、一度は私と一緒に園内に戻るものの、数周してはまた出て行き、私に連れ戻されるということを一日のうちに何回も繰り返していました。このように幼稚園生活が始まって浮き彫りになっていったタツヤの行為に対して、保育者間では自閉傾向があり特別な支援を要するという一致した見解をもち、フリーの立場にあった私がタツヤを中心としながら園全体をみるという役割を担うことになりました。

行き詰っていく保育

タツヤとかかわりながら私が持った印象は「手応えがない」という一言に尽きました。タツヤと共に楽しみたいと思いその方向を必死に探りますが、いっこうにヒットしません。それどころか、タツヤがハサミで絵本を切ってしまったり、棚や机の上など、高いところにのぼってしまったり、友だちの髪の毛を突然に引っ張ってしまったり……というような行為に対し、「それはいけない」ということを、私がどれほど丁寧に、また、どれほどかみ砕いて説明しても伝わりません。タツヤから返事のような「はい、はい」という言葉がむなしく返ってくるだけで、その行為が修まることはありませんでした。タツヤの身体は私の目の前に確かにあり、実際に一緒にいるにもかかわらず、「共に過ごしている」という実感をもつことができないのです。私はタツヤと「いま、ここ」を「共に」生きたいと強く思いました。そして、このような状況を何とか打破しようと、保育者として思いつく限りのあらゆる手立てを考えてタツヤに働きかけました。けれども、タツヤと私の関係は変わることはありませんでした。結局、私はタツヤにとって「共に過ごす人」ではなく「タツヤの後をくっついて歩いてタツヤの行為を制止する人」にしかなれなかったのです。私は失望感を抱えながらタツヤといること自体に苦痛を感じるようになり、幼稚園へと出勤する足取りも重くなっていきました。

「共に」ということに向けたヒトの発達の方向性

マイケル・トマセロ（M. Tomasello）は他の霊長類とは異なるヒトに固有の認知能力として「他者を自分自身と同じように意図をもつ存在であると理解すること」をあげています。そして、この認知能力こそ、ヒトが文化を創造し継承していく出発点になっていると主張しています。(1) トマセロの主張の概略は以下の通りです。自分が意図をもつのと同じように、他者も「何かしら行おうとめざしていること」をもっている存在であるという他者に対する理解が生後九カ月ころに始まります。これは、他者が自分に似ていることから、自分との類推によって可能となる理解の仕方です。すると、赤ちゃんは他者が見ているものを「共に」見ようとします。これが共同注意であり、共同注意によって他者の視線の行く先から他者の意図、すなわち、行おうとしていることを推し量ろうとしているのです。こうして始まった共同注意は生後九カ月から一五カ月にかけて徐々に「他者の意図の理解」といったものを含みもつようになり、やがて、その意図を「共に」しようとするようになっていきます。それに加えて、自分から他者と「共に」していこうとするばかりではなく、他者に視線を「共に」させ、意図を「共に」させようと誘うことも起こってきます。例えば、生後一三カ月から一五カ月に見られる「宣言的指さし」（declarative pointing：ある事物の状態について「おもしろいね」とか「きれいでしょう」といった判断や理解を共有しようとする指さし行動）は赤ちゃん自身が見ているものを他者に「共に」見せることで意図を「共に」してもらおうとしているといえます。つまり、ある対象物の状態について、もし、自分がおもしろがっているならば、それを他者にも「共に」おもしろがってもらおうとしているのです。以上のように、ヒトに固有の認知能力として赤ちゃんは、自分と同じように他者が意図をもつ存在であることを理解します。そして、意図を推察するために共同注意を行い、他者の視線の行く先から意図を理解し、意図を共有して目標を「共に」達成しようとするのです。

さらに、トマセロは意図の共有についてくわしく説明しています[2]。意図を共有して目標の達成をはかる際、他者との間に「協働する」ことが生まれます。目標を達成するために「共に」作業を行っていくのです。そして、その協働は同じ作業によるものから役割分担を含むものへと進んでいきます。共通の目標に到達するための下位目標を各々が自分の役割として見出し、お互いにその役割分担を果たしていくことで共通の目標が達成されるのです。トマセロはこのような役割分担のある協働によって目標が達成されるにいたって意図の共有とみなしています。そして、意図の共有もここまで達成されれば、文化は創造され、継承されるのだとしています。

トマセロの描いた「意図の共有」へと向かっていくヒトに固有の発達のプロセスから「共に」ということに向けたヒトの発達の方向性を見てとることができます。「共に」見るという共同注意によって他者の意図を推察・理解し、その意図を「共に」するという意図の共有によって、他者と「共に」作業をしたり、「共に」モノを創り出したり、「共に」過ごしたり……というような「共に」の世界を実現していくのです。こうしてヒトは「共に」の世界をつくり出す方向に向かって発達を遂げていくのです。

「共に」の世界をつくり出すことに困難を抱える子どもたち

私はタツヤと「共に」過ごす人になることができませんでした。あらゆる奮闘にもかかわらず、タツヤとの間に「共に」の世界をつくり出すことができなかったのです。自閉症の子どもの大きな特徴として宣言的指さし行動が見られないことをバロン＝コーエン（S. Baron-Cohen）は指摘しています。(3)「あるモノをとって欲しい」というように大人に何かをしてもらい、その結果、自分が益を得ることを期待して指をさす「要求のための指さし」であれば、自閉症の子どもでも見られることは知られています。しかし、「共に」見ることで自分の感動を「共に」分かち合うことのみを求めて指をさす「宣言的指さし」は見られないのです。これは、自閉症の子どもは他者を「意図をもつ存在」として理解することに困難を抱えているからであると考えられています。要するに、自閉症の子どもにとって他者は〝感動を「共に」分かち合おう〟という意図を共有する相手ではないのです。ここにタツヤとの間に「共に」の世界をつくり出すことができなかった一端を見いだすことができます。

そこで、私たちが真剣に考えていかなければならないことは、「共に」ということに向けたヒトの発達の方向性につまずきを抱える自閉症の子どもたちに対して、いかにして「共に」の世界をつくり出すことへ向かっていく育ちを支えていけばよいのかということなのです。

2 視線を「共に」する共感

視線の行く先の発見

タツヤにとって入園してから初めての夏休みも終わり二学期が始まりました。しかし、タツヤとの幼稚園生活は相変わらず「共に」の世界が全く実現しない毎日が続きました。そんな九月の中旬のことです。その日はいつものようにタツヤは保育室の扉の開閉を続けていました。口ではバス停の名前をつぶやいています。そのうち、タツヤは「行っちゃった」と繰り返し言い始めました。私は「バス停の名前を言っているのだから行ってしまったのはバスのことだろう」と推測し、これをきっかけにバスごっこをしてタツヤとの遊びに展開できないものかと考えました。それで、「ああ、バスが行っちゃったね」「乗れなかった。待ってー」などと応答してみました。けれども、それに対するタツヤの反応は全くありません。日ごろから、タツヤの応答は的がはずれていると感じていた私でしたが、そのときばかりは自分の方が的がはずれていることをその場の雰囲気によって突きつけられました。そこで、私はタツヤの様子をじっと見つめました。タイミングをみるとどうも扉が開いたときに「行っちゃった」と言っているようです。それを確認するようにタツヤの視線の行く先を追ってみると、確かに扉を見つめています。私もタツヤと一緒に扉を見つめました。そして、私は扉が開いて目の前から消えたときには「行っちゃったね」という言葉を、扉が閉まり再び目の前に扉が現れたときには「出たあ」という言葉を繰り返しました。そのような私の様子にタツヤはとてもうれしそうにニコニコと笑います。そのうち、私が際限なく繰り返されるこの行為に疲れ果て、何も言わないでいると、タツヤの方から「出たって言って」とせがんできたのです。私はこの言葉を聞いた瞬間、タツヤが楽しんでいた世界に自分も仲間入りすることができたのだという実感がわき、喜びがこみ上げてきました。タツヤと一緒にいることを心から「楽しい！」と感じたはじめての出来事でした。

自閉傾向のある子どもが抱く世界

私はこの出来事をきっかけにして、タツヤが抱く世界に気づいていきました。そして、この世界を「共に」楽しみ、味わいました。タツヤは自分が扉を開閉すると、扉が移動して消えたり出現したりするという「モノの物理的変化」を楽しんでいたのです。私たちが扉を開閉するときは、その部屋への出入りのためであったり、電車ごっこで駅に電車が到着して乗客の乗り降りのためであったりというように何かしらの意味があって扉を開閉しています。けれども、タツヤは扉そのものに注目して扉が移動することそれ自体を楽しんでいたのです。このようなタツヤの抱く世界は私のいままでのモノの見方を覆すものでした。モノの物理的変化に対して、そこに何かしらの意味づけを組み合わせるという見方が当たり前のように身に付いていたからです。ですから、モノの物理的変化そのものを楽しんでしまうという感覚は、私にはとても新鮮なものでした。それから、私はタツヤの見ているものを「共に」見て、その視線の行く先にあるモノの物理的変化をタツヤと「共に」楽しむようになりました。そうすることで、次第にモノの物理的変化そのものに注目するという新たな見方は私の中で自然なものとなっていきました。すると、いままで不可解であったタツヤの行為もタツヤが何を求め、何をしようとしているのかが手に取るようにわかるようになっていったのです。クラスの子どもたちが「あぶくたった」という遊びをしている傍らでタツヤは一人で三輪車に乗っていました。「あぶくたった」の遊びが、オバケが出てみんなが逃げ回る場面になると、タツヤは突然、三輪車を飛び降り、その輪の中に入り、自分の後ろを確認しながら楽しそうに逃げ回ります。そして、その場面が終わると、途端に何事もなかったように真顔に戻り、再び三輪車に乗り始めるのです。このようなタツヤの行為は「あぶくたった」という遊びの中のストーリーにはそぐいません。けれども、「自分が走る」と「相手も走る」という動きの物理的変化を楽しんでいると考えればとても納得のいくものでした。

「子どもを見ること」から「視線の行く先を見ること」へ

タツヤとの間に「共に」の世界をつくり出すことができずに苦しみ続けた最中、振り返れば、私はタツヤのことだけを必死になって見つめていました。苦しい状況を何とか打破しなければと思えば思うほど、ますます、タツヤに近づき、どんどん、視野をせまくしてタツヤだけを見つめていました。そのため、タツヤの周りの状況といったものが全く見えない状態でした。それでタツヤの行おうとしていることが理解できなかったのです。タツヤのことを見続ければ見続けるほど、タツヤに共感できない日々が続きました。それは、自分の思いに反する状況に追い込まれていくばかりで、保育者としては本当につらい日々でした。

けれども、私は自分が的がはずれているという状況にさらされることで、少し離れたところからタツヤとタツヤの周りを見るということを試みたのです。そうすることで、おぼろげながらタツヤのしようとしていることが見えてきました。それを確かめようとしたとき、私はタツヤの視線の行く先を追っていたのです。こうして私はタツヤの見ているものを「共に」見ることで、タツヤが抱く世界に気づきました。そして、その世界をタツヤと「共に」楽しみ、味わいました。こうして、やっと、タツヤに共感することができたのです。

共感とは意図を理解し共有すること

このことは、保育者が子どもに共感するということに関して明確な観点を与えてくれます。

保育者が子どもに共感しようと試みるとき、子どもだけを見つめているのでは、それは、いっこうに、かなわないのです。まず、子どもを見て、それから、子どもの視線の行く先を追い、そこを「共に」見ることがとても重要になります。そうすることで「子ども」と「子どもの注目対象」と「子どもの周囲の状況」の三者が目に入り、それらを統括してとらえることが可能となります。そこで、はじめて、子どもが行おうとしていることを理解できるようになり、子どもに共感することが可能となるのです。

これは、トマセロが指摘していた九カ月の赤ちゃんの「共同注意」から「意図の共有」へ向かう発達のプロセスと一致しています。赤ちゃんは九カ月を迎えるころ、自分と似ている他者が自分と同じように意図をもつ存在であることを理解するようになると、その意図を推察しようと共同注意を行うようになります。そして、共同注意によって意図を理解すると、その意図を共有しようとして協働するようになります。その協働はやがて、共通の目標を達成するために、各々がなすべきことを分担し、その役割を果たしていくようになるのです。トマセロは、ここまで達成されることではじめて、「意図の共有」といえるとしています。要するに、他者と「共に」の世界を各々の役割分担を果たしながらつくり出して行くことまでを「意図の共有」とみなし、これこそがヒトに固有の発達の道筋であることを指摘しているのです。

これらに照らし合わせて、保育者が子どもに共感するということを考えていくと、保育における共感にも「異なる役割分担による協働」まで、視野に入れていく必要性を指摘できます。

保育者が共同注意によって子どもの意図を理解し、それを受け止めることは大切なことです。けれども、保育の中の共感において、さらに必要なことは、保育者は子どもの意図を理解し受け止めることにとどまるのではなく、子どもが自分の世界を「共に」の世界の中に広げていくことを保育者も役割分担しながら協働していくということなのです。共感は視線を「共に」することから、トマセロの主張するところの意図を「共に」するところまで達成されることで、子どもの健やかな育ちというものが実現していくのです。

3　模倣により身体感覚を「共に」する共感

「なってみる」ことで実感として理解する

私はタツヤの見ているものを「共に」見ることで、自閉傾向のある子どもが抱く世界に気づき、その世界を「共に」楽しみ、味わいました。この経験が、私が幼稚園で次に出会うことになった自閉傾向のある子どもレイ（仮名）との関係を築いていく際にも大きな影響を及ぼしました。

二年保育の年中児クラスに入園したレイは一日の大半を園庭にしゃがんで砂をいじって過ごしていました。新入園児も迎え入れ、あわただしく毎日が過ぎていく中、四月も半ばを過ぎたころ、私はようやくレイとじっくり遊ぶ機会を得ました。レイは園庭にしゃがみ、砂を両手ですくってはそれを手と手の間からこぼし、こぼれていく様子をじっと見ています。私はすぐさま、レイが手の中からこぼれ落ちていく砂の移動そのものに関心を寄せ楽しんでいることを察知しました。レイのそのような様子を見守っているうちに「レイの目にはこの砂の移動がどのように映っているのだろうか」「レイの身体にはこの砂の移動がどのように感じられるのであろうか」という気持ちがわいてきました。私は「レイと同じように見てみたい」「レイと同じように感じてみたい」という思いにかられ、レイの傍らにしゃがみ、レイと同じように砂を両手ですくってはこぼし、すくってはこぼし、その砂の感触を全身で感じようと自分の感覚をとぎすましました。

次に、レイは砂遊びの道具がまとめて入れてあるカゴの中にその砂をこぼしはじめました。私はそのカゴの中に入っていた道具を全て出して空にしてから、同じようにそのカゴの中に砂を入れ始めました。ふと思いつき、私がジョウゴを手に取り、それを通してカゴの中へ砂を入れていると、レイも私の持っているジョウゴを通してカゴの中に砂を入れるようになりました。そして、カゴの中で自分たちが入れた砂が小高い山になっていく先もじっと見つめています。その山が高さを増すと、レイはそのカゴを持って立ち上がり、カゴを逆さにしてカゴの中の砂を全てこぼします。そして、また、同じように私がもつジョウゴを通してカゴの中に砂を集めることを始めました。

私はタツヤと「共に」過ごした経験から、レイと遊ぶときも、レイが注目している砂に注目しました。そして、レイと「共に感じ、共に動いて」、砂が移動していく感触を楽しみました。気がつくと私はレイの行為を模倣していたのです。こうして私はレイに「なってみる」ことで、レイの抱いている世界そのものを経験し、実感として理解していきました。

身体感覚を「共に」する関係の成立

このような私の存在はすぐさま、レイの意識に飛び込んだようでした。レイと「共に」にじっくりと砂の感触を楽しんだその日のうちに、レイは私の名前を気にし始め、翌日には私の名前を把握し、私の後をついて回るようになりました。このような急激なレイの変化は誰の目から見ても明らかで、保育後の掃除のときには、担任保育者とも早速、その話題で持ちきりになったほどでした。

さらに、レイは私が起こす砂の移動に大変な関心を寄せました。レイと「共に」じっくりと砂の感触を楽しんだ翌日のことです。レイがすべり台のわきから両手ですくった砂をこぼしていました。砂は「ザー」という音とともにすべっていきます。私もレイを真似て砂をすべり台にすべらせました。すると、レイは自分で砂をすべらせながらも、私がすべらせた砂に顔をくっつけるほど近づけてそれを見つめます。そのうち、レイはすべり台の下からも頭を傾けて上を見上げるようにして、私がすべらせた砂を見つめはじめました。そして、砂の流れに合わせて「ザー」と言ったりするようにもなりました。私が一度すべらせると、レイは「もう一回する（↗）」と言います。私も「もう一回する（↙）」と応え、何度もそれを繰り返しました。

私は模倣によって自閉傾向のある子どもに「なってみる」ことで、その子どもの抱いている世界そのものを経験し、実感として理解していきました。その結果、わずか二日という短い期間の中で、自閉傾向のある子どもにとって私は身体感覚を「共に」する存在として浮かび上がっていったのです。二人の間には身体感覚を「共に」していく関係ができあがっていました。

視線を「共に」する共感から身体感覚を「共に」する共感へ

保育の中の共感とは、子どもの意図を理解し共有することでした。すなわち、共同注意によって、子どもの意図を理解し受け止めた上で、さらに、子どもと意図を共有して役割分担を果たしながら協働し、子どもと「共に」の世界をつくり出して行くことまでを視野に入れたものでした。タツヤとのかかわりの中での私の共感は、タツヤと視線を「共に」して〝タツヤの抱く世界を「共に」楽しみ、味わう〟というものでした。レイとのかかわりの中での私の共感は、レイに「なってみる」ことで身体感覚を「共に」して〝レイが抱く世界そのものを経験する〟というものでした。自閉傾向のある子どもの抱く世界を共感したいという私の強い思いが、視線を「共に」することから身体感覚を「共に」することへと共感を進展させたのです。こうして生まれた身体感覚を「共に」する共感にはどのような意味があったのでしょうか。

二項関係から三項関係へ

やまだようこは、共同注意を赤ちゃんの「他者」と「モノ」とのかかわりの発達から説明しています。(4) それによると、赤ちゃんはまず、生後三、四カ月ころまでに「赤ちゃん」と「他者」という二項関係を形成します。母親があやすとそれをじっと見つめたり、目が合うと微笑したりというように、赤ちゃんは快、不快、興奮などの情動に基づいて、表情や発声や身体の動きで他者と共鳴的に共感するのです。それが、生後五、六カ月ころから、「赤ちゃん」と「モノ」という二項関係を形成するようになります。目と手が協応することで手を伸ばしてモノをつかむことができるようになり、外界のモノに対して積極的にかかわりをもち始めるのです。このように、モノとの二項関係が形成され、赤ちゃんがモノとのかかわりに関心を向けるようになると、他者とのかかわりは少なくなります。けれども、他者との二項関係が全く消滅してしまうわけではありません。ただ、赤ちゃんがモノとかかわっている際は他者の存在は忘れ去られ、他者とかかわっている際はモノの存在は忘れ去られてしまうのです。例えば、母親のヒザに抱かれた赤ちゃんが目の前にあるおもちゃをつかんだり、叩いたり、振ったり、口に入れたりというように、モノにかかわることに夢中になっているときには、母親を振り返ってそのおもちゃを見せたりはしないのです。ところが、九カ月から一二カ月になると様子が変わってきます。おもちゃを見るとそれをつかむ前に母親を見たり、おもちゃをつかんで母親にさしだしたりするようになるのです。これは、赤ちゃんが他者とモノに同時にかかわれるようになったことを示しています。つまり、いままで、「赤ちゃん」と「他者」、あるいは、「赤ちゃん」と「モノ」という二項でしかかかわれない二項関係であったものが、「他者」とのかかわりの中に「モノ」とのかかわりも組み込めるようになったことで「赤ちゃん」と「他者」と「モノ」という三項関係が形成されたといえるのです。この三項関係が形成されることで共同注意は発現します。

このように、やまだは、「赤ちゃん」の「他者」と「モノ」とのかかわりが二項関係から三項関係へと移行していくことで共同注意が発現する過程を明白にしています。それでは、宣言的指さしが見られない自閉症の子どもはどうなのでしょうか。宣言的指さしは他者と注意を共有することだけを目的とした共同注意行動です。それが見られないということは、やまだの説明による二項関係から三項関係への過程には、自閉症の子どもの発達の道筋はあてはまらないのだろうということが予測できます。

同一の二項関係の同期

そこで、自閉傾向のある子どもと身体感覚を「共に」することの意味を、レイの「他者」や「モノ」とのかかわりから考えてみることにします。園庭にしゃがんで飽きることなく砂の移動を楽しんでいたレイは、「レイ」と「砂」という二項関係をもっていたことになります。その砂の移動を他者に見せるなど、共有しようとする姿は見られないことからも三項関係ではありませんでした。そのようなレイに対して、私はレイのように見て、レイのように感じてみたいという思いから、レイに「なってみる」ことで、レイが抱いている世界そのものを経験していきました。これは、レイの二項関係の世界に共感したいという思いをもった結果として、レイの二項関係とまったく同一の二項関係を繰り返すことで、レイの二項関係の世界そのものを経験していることになります。この状態をレイの目から見ると、自分がもつ二項関係と同一の二項関係が同時に進行している状態です。レイと私の各々がもつ同一の二項関係が同時進行していくことで同期していき、その同一の二項関係が同期することの中に、レイは「共に」という感覚を感じとっていったものと思われます。私がレイのもつ二項関係と同一の二項関係を並列させると、レイは直ちに、私の存在と私が起こす砂の移動に強い関心を示しています。私がレイに共感してわずか二日の間に、レイは私の後をついて回るようになりました。また、私がレイに共感して二日目に、すべり台で砂をすべらせていたレイに倣って、私もすべり台で砂をすべらせると、レイは私が生み出す砂の移動に注目し、焦点が合わないのではないかと思うほど顔を近づけて、そして、角度を変えて何度も見続けていました。レイはこうして、同一の二項関係が同期する中に感じられる「共に」という感覚に関心を寄せ、それを何度も何度も確認していたのです。さらに、私が砂をすべり台にすべらせるごとに、レイは私に「もう一回する(↗)」と繰り返し言っては、私に砂の移動を起こすことを要求しました。このことから、同一の二項関係が同期する中に感じられる「共に」という感覚をレイ自身が求めていることも確認することができます。

相互模倣のはじまり

同一の二項関係が同期する中に感じられる「共に」という感覚を、レイは私に求めるだけではなく、自らもつくり出していました。レイと「共に感じ、共に動き」ながら、私が一方的にレイを模倣しているとばかり思い込んでいました。しかし、レイも私の行為を模倣していたのです。しかも、興味深いことに、それは身体感覚を「共に」して共感したその日に見られていきます。私がジョウゴを使って砂をカゴの中に集め始めると、レイもそれに倣って私の持つジョウゴを通してカゴの中へと砂を集め始めました。同一の二項関係が同期する中、私が異なる動作をしたため、同一の二項関係の同期が中断されました。そこで、レイは「共に」という感覚を求めて、同一の二項関係の同期を持続させるために相互模倣を行ったのです。このように、私だけがレイの模倣をすることで、同一の二項関係の同期をつくり出していたわけではなく、レイも私の模倣をすることで、同一の二項関係の同期をつくり出していたわけです。したがって、相互模倣は、レイ自ら、「共に」という感覚を求めて同一の二項関係の同期を持続させようとした結果、生まれた模倣であると考えられます。ここに、レイが「共に」ということを希求していく道筋が生まれました。

4 「共に」ということを軸とした育ち

コミュニケーション的場の広がり

レイの模倣は私との相互模倣だけにとどまらず、他の子どもたちの行為の模倣にまで広がっていきました。年中時の一〇月、レイはクラスの子どもたちの行為を模倣することでクラスの活動に参加しました。クラスの集まりの場面で「さんぽ」のメロディがピアノから響いてくると、子どもたちは丸く並べられたイスの内側に立ち上がり、数人で輪になって手をつなぎリズムにのって足踏みをしながら楽しそうに歌い始めました。すると、集まりの活動に関心さえ向けず保育室の中をふらふらしていたレイが急にその輪に近づき、つながれている手のちょうど後ろに立って足踏みをします。その様子にいち早く気付いた担任保育者がすかさず、子どもたちにレイをその輪の中に入れてくれるように頼み、レイは子どもたちと手をつなぎ一緒に歌いました。歌い終わったところで「レイくんも一緒にしたね」というクラスの女児のうれしそうな言葉をしりめに、レイは集まりの活動から離れていきます。次に、ピアノのメロディに合わせてぬいぐるみを順番に回していき、ピアノが止まったところでぬいぐるみを持っている人が負けというゲームが始まりました。ピアノが鳴り始めると、レイは突然、自分のイスに戻り座ります。そして、音楽に合わせてぬいぐるみが次々と隣に移動していく様子を見ながら楽しそうに笑っています。いよいよ、ぬいぐるみがレイのところに到着し、それと同時に音楽が止まります。レイはぬいぐるみをぎゅっと抱きしめ「きゃっ、きゃっ」と楽しそうに笑い、それから、私の顔を見てニッと笑いました。私も思わずつられて笑いを返します。子どもたちは「レイくんだあ」とレイのところでぬいぐるみが止まったことを喜び騒ぎます。再び、ピアノの音が鳴り響き、皆が「レイくん、まわして、まわして」とレイを促します。レイは周りをきょろきょろ見ながらぬいぐるみを隣へ回します。一周してぬいぐるみがレイのところへ、また、戻ってくると、レイはぬいぐるみをうれしそうに抱きしめました。しかし、もう音楽は止まりません。レイはどうしてよいのかわからない仕草を見せながら、皆の「レイくん、早く、早く」という声に後押しされるかのように隣へぬいぐるみを回しました。

レイはこうして他児の行為を模倣することで、他児と「共に」歌ったり、他児と「共に」ゲームに参加したりしています。けれども、他児の「友だちと一緒にリズムに合わせて身体を動かしお気に入りの歌をうたいたい」という意図や、「ゲームの内容を理解して楽しんでゲームに参加したい」という意図を共有しているわけではありません。レイが他児の意図を理解し、共有していないことは、ゲームに参加しているレイが迷う素振りを見せながら他児の動作を模倣することのみを手がかりとしていることからもわかります。ここでレイが注目しているのは他児の動作であって他児の視線ではないのです。レイは他児の動作に注目し、その動作を模倣することで他児と「場」を「共に」することをつくり出しているのです。ここでレイがつくり出した「共に」ということの内容は「感覚」から「場」へと広がっています。このことから、レイが「共に」ということを時間や場所や内容をこえて希求するようになったことが確認できます。その結果、意図の理解や共有を経たコミュニケーションとまではいかないものの、〝コミュニケーション的な場〟がレイの行く先々で生まれるようになりました。

表層模倣と深層模倣

レイは模倣を手がかりとして幼稚園における様々な場面に対応しようとする姿を見せるようになりました。ただ、レイの模倣は動作の模倣であり、動作の主の意図には関与していなかったため、ときには頓珍漢な対応になることもしばしばありました。

レイが年長時の五月のことです。砂場でつまずいて転んでしまったレイは痛い様子も見せることなく、すぐに立ち上がり、しきりに私に何かを言いました。「○○って言って」と言っているのですが、レイが私に何を言って欲しいのか、聞き取ることができません。私が何も言えないでいると、レイは私の言葉を待たずに「ここところ」とヒザとスネを指し示しました。そこで、私はやっと事の事態をのみこみ、レイは私に「どこが痛かった?」と聞いて欲しかったのだとわかりました。子どもが転んで泣いているとき、保育者がケガの所在と程度を確認する意図からこの問いを発することはこの園においてよく見られる光景です。私はレイが痛い箇所を示した後になって、あわてて「どこが痛かった?」と儀式のように聞き、レイが先ほど、示した箇所を「痛かったわね」と言いながらさすりました。すると、レイは一つの仕事をやり終えたような満足した様子で砂遊びに戻っていきました。

模倣には表層模倣と深層模倣があることが指摘されています[5]。表層模倣とは、相手の動作の表面的な「形」を真似ることであり、深層模倣とは、相手のやっていることの「意図」を推察し、その意図を取り込んで真似ることです。赤ちゃんは九カ月になると共同注意ができるようになり、相手の視線の行く先を追うことで相手の意図を推察しようと試みます。この共同注意の初期のころは相手の意図を完全に理解するまでには至らないため、「何か目的があってしているのだろうな」という相手の意図性を感じながらも、その「何か」が把握できないまま、何となく相手の動作の表面を真似る表層模倣が起こります。それが、一三カ月から一五カ月にかけて、次第に共同注意に意図の理解が含まれるようになると、相手の意図までも取り込んだ深層模倣が可能となるのです。

これまでレイに見られた「相互模倣」においても「他児の模倣」においても、レイは視線に注目した意図の理解には関与していません。動作そのものに注目した動作の模倣です。よって、レイの模倣は表層模倣であり、レイは「共に」ということを表層模倣で何とか、きりひらいているのです。

異なる行為で構成される「共に」ということ

年長時の六月になると、レイは自分にとって新たな「共に」ということを経験します。同じクラスのユウコ（仮名）に誘われ、レイは追いかけっこを始めました。まずは、ユウコがレイを諭すように「レイくん、逃げて、逃げて」とレイが走り出すまで繰り返します。レイが逃げ始めると、ユウコはレイを追いかけて、つかまえると抱きつき二人で笑い転げます。数回、これを繰り返したところで、ユウコは「次はレイくんね。レイくん、追いかけて、追いかけて」とレイが追いかけ始めるまで繰り返します。こうして、二人は楽しそうに追いかけっこをしていました。

この追いかけっこで、レイはユウコの「レイくんと追いかけっこをして遊びたい」という意図を察知して、同じ目的をもって「追いかける」「逃げる」という役割を交替しながら遊んだとはいえません。レイは単にユウコに言われるがまま動いただけでした。それでも、「追いかけっこ」は成立したため、レイはここでも「共に」ということを経験します。ただ、レイがここで経験した「共に」ということは、いままで経験してきたものとは異なるものでした。レイがいままで経験してきた「共に」ということは、レイにとっては同じ動作が同時並行することでつくり出される「共に」ということでした。しかし、追いかけっこを成立させるためには、「追いかける」「逃げる」という異なる役割をこなし、なおかつ、その役割を交替していかなければなりません。レイは、ユウコの意図や追いかけっこにおける役割の意味までは、たとえ把握できなくても、少なくとも、追いかけっこを成立させるために、「走る」という動作における「追いかける」「逃げる」という目的の違いに気づかなければなりません。すなわち、異なる行為であることに気づいている必要があるのです。レイはこの追いかけっこで異なる行為によってつくり出される「共に」ということを経験したものと考えられます。これは、やがて、レイが異なる行為を生み出している各々の「意図」というものの存在に気づいていく前段階にたどりついたと考えられます。

「見て」の変化——表層模倣

レイの模倣が、いよいよ、変化を見せ始めました。それは、幼稚園でよく目にする子どもたちの「見て」という行為において顕著に現れました。年中時のレイの「見て」の模倣は動作の「形」のみを真似る表層模倣でした。

年中時の一〇月、保育室ではクラスの子どもたちが粘土で品物をつくり、お店屋さんごっこを楽しんでいました。そのような状況の中、レイは「粘土をちぎり、それをままごと用のナベの中へ入れる」ということを繰り返していました。以前、レイが粘土をちぎっては、その細かくちぎった粘土を机の上に散らばしておいたものを、担任保育者がままごと用のナベを持ってきて、その中に散らばった粘土を入れ「ごちそうがたくさんできたね」とレイのその行為を「ごちそうづくり」と意味づけたのでした。それから、レイは粘土をちぎるとそのナベの中に入れるようになりました。その日も同じように粘土をちぎってはナベの中に入れていました。そんなレイの姿をお店屋さんごっこのメンバーの子どもたちは「ごはん屋さん」と意味づけ、自分たちの仲間の一員とみなしていました。粘土の品物が完成するごとに、子どもたちの中から「見て、見て」という言葉が飛び交います。そのようなさなか、レイは自分がちぎった粘土でナベがいっぱいになると、私に向かって「見て」と言ったのです。そして、近くを通りかかった担任保育者に向かっても「見て」という言葉を発しました。けれども、レイの「見て」という言葉に対する私たちの反応には、レイは全く関心を示しませんでした。実際に私たちがそれに目を向けようが、向けまいが、あまり関係ない様子なのです。まるで、レイは〝何かことを成し遂げたら「見て」と言う〟という手続きをとっているかのようでした。

ここで見受けられた子どもたちの「見て」という行為は宣言的指さしにあたる行為です。自分たちが渾身の力をふりしぼって完成させた品物の状態を共有してもらおうとしているのです。このときのレイは周囲の子どもたちのそのような意図には感知せず、動作のみを取り込んで表層模倣を行っていたのです。

「状態」の意味づけ

ところが、レイの「見て」という模倣は明らかに異なっていきました。その前兆ともいえる出来事が起こっています。年長時の十一月、レイは「状態」を意味づけるということを行ったのです。クラスの集まりが始まっても砂場で遊んでいて保育室に戻ってこないレイを私は呼びにいきました。しばらくの私の働きかけにレイは応じ、私に抱っこを要求し、レイは抱っこされてクラスの集まりへと向かいました。すると、抱っこされながら自分がいままで遊んでいた場所を見つめていたレイはそこを指さして「山」と叫んだのです。その場所には、レイが砂をいっぱいに集めたバケツをひっくり返してできた隆起した砂のかたまりがありました。レイはその状態を「山」と意味づけたのです。そして、自分が意味づけた状態を指さして「山」と叫んでいることから、状態の認識の共有を求めようとしている様子もうかがえます。他の場面でも、砂場でほった穴の中に水を入れると、水がどんどん吸収されていく状態を見て、レイは「飲んでる」とつぶやいたことがありました。

レイの抱く世界において、以前は、隆起した砂のかたまりはかたまりそのものでしたし、水がどんどん吸収されていく状態は水の物理的変化でした。したがって、ある状態になんらかの意味を組み合わせていくということはレイの好みには合わないことでした。年中時にレイが粘土をちぎっていたときも、レイは粘土をちぎると小さいかたまりがたくさんできることを楽しんでいたのであり、ままごと用のごちそうをつくろうとしていたわけでも何でもありませんでした。担任保育者はそのようなレイが抱く世界を十分に承知していました。それをあえて「ごちそう」と意味づけたのは、レイが他児とかかわることのできる機会もあれば、無理にではなく、つなげていきたいと心がけてきたからです。担任保育者の話によれば、「レイの要求に応えること」「レイだけの世界を楽しむこと」をレイとのかかわりにおいて大切にする一方で、レイの他児とのつながりということも常に考えてきたというのです。私はレイとのかかわりにおいて、模倣により身体感覚を「共に」してきました。そうすることでレイを「共に」という世界へと誘いました。担任保育者はレイの抱く世界を尊重しながらも、そこに言葉や音で意味をそえていきました。そうすることでレイ自身の抱く世界は言葉をそえた楽しみ方にひらかれていき、また、言葉がそえられたことでレイが楽しむ世界がクラスの子どもたちにもわかりやすい遊びになったのです。担任保育者のこのようなかかわりがレイの人との様々なかかわりを生み、レイが自ら状態を意味づけるということが起こったものと考えられます。そして、状態を意味づけることは他者と注意を共有していくことに向かう大きなステップとなったのです。

「見て」の変化——深層模倣

砂が移動した先で「山」のような状態になることに気づいてからというもの、レイは自分の視線を「砂が様々に移動していくこと」から「砂が移動した先」へと移していきました。そして、砂を移動させて遊ぶのではなく、砂山をつくって遊ぶようになったのです。

それから、十二月、画期的な出来事が起こりました。砂山をつくっていたレイは私に「見て」と声をかけました。私がレイの声に振り返ると、レイは、私が振り返るのを確認してから、自分がつくった砂山をスコップで指し示し「お山」と言ったのです。私が「本当だ。お山ね。高いわね」と応えると、満足そうな顔をしてから向き直り、再び、山をつくりはじめました。

ここで見られたレイの行為は宣言的指さしです。自分がつくりあげた「山」の状態を喜び、満足し、私にもその状態を確認して味わってもらおうとして私の視線を「山」へと向けさせたのです。また、このときのレイは、粘土で品物を完成させては「見て、見て」と言っていたときの子どもたちと全く同じ意図を有しています。したがって、レイの模倣が友だちの「見て」という行為の意図までも取り込んだ深層模倣に変化していることも確認できます。これより、レイの希求する「共に」ということの内容は「意図」へと深化を遂げたのです。

意図と行為のつながり

このように「共に」ということが深化していくにあたり、重要な役割を果たしたのは〝視線〟でした。レイは、自分が砂の移動を起こしていた場所を離れて見たとき、バケツからこぼした砂が隆起して「山」のようになっていることに気がつきます。ここで、レイは離れて見ることで視線の行く先が変化するということを経験します。そして、自然とレイの興味は「移動している砂」から「移動した先の砂」へと移り、それと同時にレイの視線の行く先も同じように移っていきました。すると、視線の行く先が移動したことで、同じ動作でありながらその動作の目的が「砂の移動」から「山づくり」へと変化しました。レイはこの一連の出来事において、「ある動作」にはその動作を生み出している「目的」があること、「目的」によってその「動作の意味が異なる」こと、「目的」の違いによって「異なる行為」になること、「異なる行為」を生み出す「視線」があること、そして、「視線」の背後には行おうとしている「意図」があることなどを経験します。これらがつながることで他者との意図の共有は可能になるのです。

視線理解と意図の共有

卒園を間近にひかえた年長時の二月、レイ自ら、友だちと意図を「共に」しようとする行為が生まれました。レイは同じクラスのコウジ（仮名）がのぞいていた万華鏡に関心をもち、貸してもらいました。コウジがしていたように万華鏡をのぞくレイですが、両目をあけたままのぞいています。そこで、私は自分の手でレイが万華鏡をのぞいていない方の目をおおい、「見える？　見える？」と尋ねました。すると、レイは大きくうなずきます。そこへ、同じクラスのチアキ（仮名）がきて自分にも見せて欲しいとレイにせがみます。私が仲介にはいることでレイはチアキに万華鏡を渡しました。そして、チアキが万華鏡をのぞくと、レイはチアキに「見える？」と聞きます。次にコウジのもとに万華鏡が渡ると、レイはまた、「見える？」と聞くのです。こうして、三人で順番に万華鏡を回していると、ある瞬間、万華鏡はレイのところでぴたりと止まってしまいました。レイが一生懸命に万華鏡をのぞいているのです。私はその瞬間、レイがやっと万華鏡の中が見えたのだと思いました。チアキに催促されてもレイは万華鏡をのぞいたままです。しばらくして、私に促され、レイはチアキに万華鏡を渡しました。そして、チアキが万華鏡をのぞくと、今度は、レイはチアキに顔を近づけ「きれいでしょう」と言ったのです。

レイはコウジから万華鏡を貸してもらったとき、コウジが万華鏡をのぞいている「形」だけを摸倣する表層摸倣を行っていました。レイの注目はコウジの動作のみに向けられ、コウジの視線の行く先には及んでいなかったのです。そこで、レイは両目をあけたまま万華鏡をのぞきます。それでは「見えないだろう」という思いで、私はレイの片方の目をふさぎ、見えるようになったかどうかを確認します。しかし、相変わらず、レイは自分の視線の行く先が定まらないので、私が何をしようとしているのか、その意図を全くつかめません。そこで、レイはまた、〝万華鏡をのぞいた人に「見える?」と聞く〟という私の動作のみを摸倣する表層摸倣を繰り返しました。ところが、ある瞬間、レイは自分の視線の行く先が定まり、万華鏡の中が見えた途端、コウジとチアキが見ようとしていたものと、「これを見ようとしていたのか」という二人の万華鏡をのぞいていた意図が分かったのです。そして、「自分も見えた」といううれしさと「きれいだ」という感動を友だちと「共に」分かち合おうとして「きれいでしょう」という言葉を発したのです。これは明らかに、レイの求める「共に」ということの内容が「意図」へと深化しています。レイは見事に「共に」ということを広げ、深化させ、意図の共有を含む

「共に」の世界をつくりだしたのです。

さらに、「きれい」というレイが認識した事実を友だちと共有しようとしてレイが友だちに「きれいでしょう」という言葉を発した行為は「宣言的指さし」と同じ意味をもつ行為です。自閉症の子どもには困難であり、それが見られないことが大きな特徴であるともされていた「宣言的指さし」が、「共に」ということを軸とした発達において、自閉傾向のある子どもに見られました。

5 「共に」の世界を生み出す共感

「共感」をベースとした他者認識

レイが「視線」と「意図」と「行為」のつながりに気づき、私に「見て」「お山」と宣言的指さしをしたことにおける最大のポイントは、レイが自分事であった「視線」と「意図」と「行為」のつながりを私にもそのまま、あてはめているということです。あてはめたからこそ、レイは自分の視線を移動して私の視線の行く先を確認したり、さらには、私の視線を移動させたりして宣言的指さしを行っているのです。バロン＝コーエンも指摘していたように、自閉症の子どもは、自分がそうであるように、他者も意図をもつ存在であると理解することに障害を抱えていると考えられています。それなのに、なぜ、レイは自分のこととして「視線」と「意図」と「行為」のつながりを理解したものを、私に適合することが可能となったのでしょう。理由として考えられるのは、レイと私の関係が同一の二項関係を同期させ、常にそこで「共に」という感覚を積み重ねてきた関係であったということです。同一の二項関係が同期する中に「共に」という感覚を積み重ねてきたからこそ、自分との類推が可能になったと考えられるのです。自閉傾向のある子どもにとって、「自分になってくれる他者」「自分と同じように見て、同じように感じてくれる他者」が存在し、その他者との間で、自分とモノとの二項関係と同一の二項関係を同期させて「共に」という感覚の実感を積み重ねていける関係が成立していると き、自閉傾向のある子どもはその他者になってみることができるようになるのかもしれません。そして、このような一人の他者の存在をきっかけとして、他者になってみることを他の他者に広げていけるのかもしれません。こうした「他者になってみて、他者の内側から他者を認識していく」という認識の仕方によって、自分事であることを他者にあてはめ、他者の中から考え納得していくことができるのです。これは、まさしく「共感」をベースとした他者認識といえます。振り返ってみると、私が自閉傾向のある子どもになってみることで、その子どもの抱く世界を理解していったことも同様なのです。

要するに、同一の二項関係の同期は、「共感」をベースとした他者認識によって、他者と同一の対象を共有する三項関係へと発展していったのです。これより、「共に」の世界は「共感」によって生み出されるということが明らかになります。

子どもの育ちを支える共感的他者

「共に」ということを軸とした自閉傾向のある子どもの育ちを概観することで、自閉傾向のある子どもと「共に」ということをつくり出してきた他者との関係性から「保育の中の大切なこと」が浮き彫りになってきます。

まず、自閉傾向のある子どもが他者と「共に」したものは身体感覚でした。それをつくり出した他者との関係は身体感覚のレベルでの共感によって結ばれました。それは、模倣により、自閉傾向のある子どもに「なってみて」、自閉傾向のある子どもの抱く世界そのものを実感として理解していくことで生まれた共感でした。そして、その前段階として、自閉傾向のある子どもの抱く世界へと道をきりひらいたものは、視線を「共に」したことで生まれた共感でした。

こうして、身体感覚を「共に」することを出発点として自閉傾向のある子どもが他者との間に「共に」ということを希求していく筋道が生まれました。そして、「共に」ということが熟していくことと、自閉傾向のある子どもが様々な他者とのかかわりを広げていくことが相互的に進展していきました。

ただし、この進展は自閉傾向のある子どもにとっては、あくまでも同一の二項関係として進行していました。他者とのかかわりに意図の共有が含まれていなかったからです。それが、進展していくにつれ、自閉傾向のある子どもが他者と同一のものを楽しむ三項関係を生むに至ったのです。これを可能にしたのは、自閉傾向のある子どもが「他者になってみる」ことによる共感をベースとした他者認識でした。「自分に似ている」という自分との類推で他者を認識していくことは自閉症の子どもにとって発達の大きな壁と考えられています。それを見事に乗り越えたのです。この発達の壁を突き崩したものは、身体感覚のレベルでの共感でした。

これらのことから、「保育の中の大切なこと」として考えられるのは、子どもが「共に」の世界をつくり出していくことを支える他者の存在です。その他者とは、子どもと視線を「共に」して子どもの抱く世界を「共に」味わい、楽しみ、子どもと身体感覚を「共に」して子どもの抱く世界を実感として納得し、その上で、子どもと協働して「共に」の世界をつくり出していく共感的他者であるといえます。

共感的他者との出会いによって、子どもたちは、今度は、自分たち自身が共感的他者となり、その相手と「共に」の世界をつくり出すための協働をはじめるのです。残念ながら、レイについては、共感的他者としての姿を確認することはできませんでした。けれども、共感をベースとした他者認識が見られたことから、その一歩手前までは確認できたと思われます。共感的他者との出会いによって子ども自身が共感的他者になったとき、「共に」の世界を、互いの役割分担による協働のもと、つくり出していくことが可能となるのです。

(1) M・トマセロ、大堀壽夫他訳『心とことばの起源を探る——文化と認知』二〇〇六年 勁草書房

（2）Tomasello, M. et al. 2005. Understanding and Sharing Intention: The Origins of Cultural Cognition. *Behavioral and Brain Sciences*, 28, 675-691.

（3）S・バロン－コーエン、田原俊司監訳『心の理論――自閉症の視点から』上・下　一九九七年　八千代出版

（4）やまだようこ『ことばの前のことば』一九八七年　新曜社

（5）本書、二二六―二二九頁

第4章　保育の場における保育者の育ち
——保育者の専門性は「共感的知性」によってつくられる

1　保育者の専門性とは

保育者の「技」と「腕」

　専門性の高い保育者とは、どのような保育者のことを指すのでしょうか。実習生や新任保育者など経験の浅い保育者から見ると、経験を積んだ保育者が子どもの様子に合わせてピアノを弾きこなし、次つぎと手遊びを繰り出す姿、あっという間に子どもたちを集め、集中させて話を聞かせる姿、あるいは、ケンカやトラブルに素早く対応する姿などは、自分では到底できないような「技」や「腕」を持っているかのように見えるかもしれません。そして、自分もまたそうした「技」や「腕」を身につけたいと考えることも少なくないでしょう。

　確かに保育者は、子どもの発達や成長を支えるプロフェッショナルなので、専門的な知識や技術を身につけていくことも必要です。しかし、保育者として力量をつけ、専門性を高めていくことは、ピアノや手遊び、あるいは話し方などの技術的な「技」が上達していくことだけなのでしょうか。あるいは、迷いもなくトラブルをさばき素早く解決できるようになる「腕」を身につけていくことなのでしょうか。

岸井は、保育者の専門的な知識や技術、すなわち保育者の「技」や「腕」は、「それを活用する保育者自身の人間性の豊かさや幼児の気持ちを深く理解することが裏づけになってはじめて生きる」と指摘しています。(1) つまり、かかわる子どもの立場にたち、一緒に考え、喜びや楽しみを分かち合い、時には悩みながらも解決方法や新たな発見を味わう姿勢が必要不可欠なのです。そうした姿勢がともなって初めて保育者としての本当の「技」や「腕」、すなわち専門性と呼べるのではないでしょうか。

保育者とは何か

津守は、保育者を概念的に定義することは難しいと断りつつ、次のように定義しています。(2)

・保育者は子どもの側に立って子どもとかかわる人である。
・保育者は教室場面だけでなく日常的に生活の中でかかわる人である。
・保育者は子ども自身が自分の活動をするように環境をつくる人である。
・保育者は子どもを客観的に見るのではなく、いっしょに笑い、子どもと共に何かをする人である。
・保育者は一方的に教えるのではなく、いっしょに笑い、子どもと共に何かをする人である。

・かかわるときには、自分も生命的になり、相手の生命性をも生かす。
・かかわるときには、相手を尊敬の心をもって見ることが根底にある。
・かかわるときには、大人の概念の枠にはめて相手を見るのではなく、人間に直接ふれ、その子が感じている悩みに共感する。
・保育というと乳幼児を対象と考えやすいが、大人や老人にまでひろげて考える。
・乳幼児とのかかわりは、保育の原点を示している。年齢が大きくなると生活場面が違い、具体的配慮は異なってくるが、保育者としてのかかわりの根本は共通である。

しかし、私たちは精神的にも身体的にも疲労することから、常に生き生きとしていられるわけではありません。また、保育者の役割を背負った時には、一人の人間として相手に向かうことが困難になり、自分の立場を優先させる傾向もあります。さらには一度レッテルを貼って相手を見ると、そこから抜け出すことも難しいのです。このようなことから、ここで述べたような保育者像は、継続する日々の実践の中では、じきに停滞しがちであると津守は指摘しています。

ＹＯＵ的他者としての保育者

先にあげた岸井や津守の保育者像を、ドーナッツ論(3)をもとに考えると、保育者とは子どもにとっての「ＹＯＵ的他者」になることであると言えます。ドーナッツ論は、人が世界とかかわりを作り出す過程を図式化したものです（詳細は第1章を参照）。人（自己）が発達していくときには、その人に共感的にかかわる他者（ＹＯＵ）とのかかわりが必要で、そのＹＯＵとのかかわり（ＹＯＵ世界）を通して社会的な実践の場（ＴＨＥＹ世界）に向かうことになります。

このドーナッツ論から保育者の役割を捉え直すと、子ども（Ｉ）が文化的実践に参加していくこと（ＴＨＥＹ世界に生きること）をＹＯＵ的他者として共感的に援助していくことになるのです。

しかし、津守が指摘したように、保育者がＹＯＵ的他者になることは容易なことではありません。では、どのようにして保育者は日々の実践のなかで子どもにとってのＹＯＵ的他者となり、その専門性を高め、成長していくのでしょうか。

「学び合う」ことの意義

保育者としての表面的な「技」や「腕」は、経験を重ねていけばある程度上達していくでしょう。しかし、本当の意味での専門性は、経験を重ねるだけではその向上は期待できません。日々の実践を「省察」することが必要です。自らの実践を「省察」するということは、自分のかかわった子どもたちが見せてくれた姿と「対話」するということです。

また、子どもとだけでなく、仲間とも「対話」していくことが必要です。つまり、自分の実践や省察した事柄を他者（同僚や保護者、研究者など）と交流させるのです。その過程において私たちは、クラスや経験年数、実践者・保護者・研究者といった立場の違い等を越えて、子どもの姿を多面的にとらえ、自分たちの見方や姿勢を「省察」し、保育を創り直していくことが可能になります。つまり、保育者の専門性は、多様な他者（子ども、同僚、保護者、研究者など）と「対話」を生成し、「学び合う」ことによって高めていけるのです。だからといって、ただひたすら一生懸命に保育をし、励まし合えば「対話」が生成され、「学び合う」ことができるわけではありません。

「学び合う」ことの難しさ

これまでの保育研究においても、子どもや同僚、研究者とともに「学び合う」こと、そして「省察」していくことの重要性については再三に渡って論じられてきました。「学び合う」ことを否定する実践者や研究者はもはやいないでしょう。しかし、その内実を私たちはどれだけ理解できているでしょうか。実際に「学び合う」ことができているかといえば、そうとは言い難いかもしれません。

たとえば、ある保育者の保育や子ども理解が問題とされた場合には、その保育者個人の力量が未熟であることが、問題のすべてであるかのように捉え、それを克服させるべく「何ができていて」「何ができていないか」を項目的に評価し、一方的に指導・助言していくことによって改善を図ろうとする傾向が未だに根強く残ってはいないでしょうか。一方、指導・助言される側の保育者は、そうした「評価の目」を意識して保育していくことになります。こうした状況下では、保育者として学び、学び合っていくことが、どこか権威あるところで生まれた知識を授け、教え込む（かつて自分もそうされたように）一方で、それらを必死で覚え込んでいく（かつて自分がそうしていたように）ことにすり替わっていると考えられます。

また、経験を積み重ねていくこと自体が「学び合う」ことを阻む場合もあります。たとえば、長年の保育経験によって身についていく不文律（園文化や保育姿勢など）は、時には子どもに対するスタンスの柔軟性を奪い、硬直化させる可能性があります。そして、無意識のうちに新たな発想や子どもの自発的な活動に目が向かなくなっていき、子どもに自分のさせたい活動を一方的に押し付けていることなどもあり得るのです。また、かつて持っていたような新鮮な気持ちを失い、いつの間にかマンネリに陥っていることも少なくないでしょう。

つまり、私たちは「学びたい」「学び合いたい」と願い、その必要性を見聞きはしているものの、実はむしろ実践できずに悩んでいることのほうが未だに多いのです。あるいは、自分自身では「学び合っている」つもりではいても、権威的な知識の押し売りや独りよがりに終わっていることも少なくないのです。

そもそも私たちは、佐伯が指摘しているように、物事を「学び合う」ことが一体どういうことなのか、いわゆる「学校教育」のなかで教育されてはおらず、それほど得意ではありません[4]。その一方で、特に意識せずに「学び合う」ことができている場合もあります。本当の意味で

「学び合う」ことを為し得るためには、こうした現状から目を背けずに、子どもと保育者や保育者同士が学び合おうとしていてもできないでいる時、そして、そうした状況を乗り越え、互いが学び合い、保育者として育ち、育ち合っていく時にはいかなることが起きているのか今一度考えてみる必要があるのではないでしょうか。

新任保育者と先輩保育者の「物語」

そこで、本章では、筆者が参与観察した事例をもとに、新任保育者が育っていく過程における新任と先輩保育者の関係の変容に注目しながら、保育者が学び合い、育ち合っていく関係を築いていく過程の内実を捉え直します。(5)

具体的には、異なった背景を背負った保育者同士（新任と先輩）が、相手との関係や保育をよりよくしたいと願いながらもそうはできないでいた状況や、様々な葛藤や苦しみを抱えながらも自分たちの保育や同僚との関係などを問い直し、自分の保育、園の保育を創っていこうとする過程を描写し、語り直すことになります。(6)つまり、その過程を現在の筆者の視点から「物語る」のです。(7)その「物語」のなかには、保育や教育現場に深く根付いている学習観や評価観が埋め込まれています。反対に、そうした学習観や評価観から脱し、互いに学び合いながら保育者として育ち、育ち合っていく姿も描かれていくことになります。その時々の両者の関係と背後にある学習観・評価観を明らかにし、保育者の専門性、同僚性の原点には何があるのか問い直してみたいと思います。

2　新任保育者が「手ごたえ」を感じる時

就職当初の新任と先輩の様子

就職前の新任A先生の一番の不安は、多くの新任保育者がそうであるように、同僚との人間関係でした。一方、B先生を始め、A先生を受け入れる先生方も、久々に新任を受け入れることで少し緊張していました。しかし、実際にA先生が園に着任すると両者の不安は一掃されたようでした。

同僚たちは皆A先生を温かく受け入れ、A先生自身も生き生きと子どもたちの入園準備に取り組んでいました。特に学年を組むことになっていたB先生とは、年の差も関係なくすぐにうち解けていた様子でした。B先生は筆者に、「A先生と保育することで自分の保育を見直すきっかけにもなるし、A先生をのびのびと育てていきたい」とも言っていました。

もちろん、それでも戸惑うことやわからないことはA先生にも、B先生にも次から次へと出てきました。しかし、それでもB先生は、A先生を温かくサポートしていました。時には他の同僚とA先生への指導方法を巡ってぶつかったりもしながら。

そんな同僚たちに対してA先生は申し訳なく思いつつも、今はできなくても仕方がないと心の内で考えていたそうです。また、たとえ上手くいかなくても、周囲の保育者の子どもとかかわる姿を真似しながら、「明日はこうしてみよう」と前向きな気持ちをもって日々の保育に臨んでいました。そんなA先生は、A先生なりに保育者としてやっていくことに「手ごたえ」を感じていました。では、A先生はどんな時に「手ごたえ」を感じていたのでしょうか。

相手の変化の原因になる

【エピソード1】「あ〜、こんなところに落し物」　二〇〇三年四月

毎朝泣きながら登園してくるA子。そんなA子が心配でなかなか家に帰ろうとしない母。母の姿が見えるまでは気持ちが切り替えられないため、主任が母に声をかけ、やっと母は家に帰る。入園して二週間がたっても繰り返されるこの光景に、私はどのように関わるべきか悩んでいた。

久しぶりに晴れたある日の朝、門の外を見ながら泣き続けているA子に「今日は晴れてるね。久しぶりにお外で遊べるね」と声をかけた。ちらっと園庭を覗く姿に手ごたえを感じ、手を繋いでロッカーへと向かった。「A子ちゃんのロッカーはどこかな？」と言いながら歩いていると、先に身支度を終えた子の靴入れ、園服が落ちていることに気付く。「あ〜、こんなところに落し物！」と私はその中の一つを拾い、「この靴入れはM子ちゃんのでした」と泣いているA子に話しかける。するとA子は泣き止み、M子のロッカーを探す。「掛けてあげる」と、私が持っていた靴入れを取り、M子の場所に掛けた。そんなA子をみて「A子ちゃん、ありがとうぉ〜」と思

わず私。するとA子は、今度は近くに落ちていた、まだ靴が入っている靴入れを拾う。「それは誰の靴入れかな？　あっ、T夫くんのだ。でもまだお靴入ってるねえ。」と声をかけると、「入れてきてあげる！」と元気よくT夫の靴入れを持って下駄箱に走っていった。靴を入れ終わると自分の靴も入れに行き、身支度を済ませると「先生お外で一緒に遊ぼう」と笑顔で私に声をかけ、園庭に出て行った。

この【エピソード1】の記述は、二〇〇四年五月にA先生本人が記述したものです。A先生は、就職したての当時（二〇〇三年四月）を振り返りながら、「一緒に保育している先生や子どもたちとのかかわりのなかで、自分なりの子どもへのかかわり方を模索し、それをやってみることで、子どもたちが動いていてくれる、そんなところになんとかやっていける、自分も自分なりに保育していると感じることができた」（傍点筆者）とも語っていました。

そこであらためて【エピソード1】のA先生の姿を捉え直すと、母親となかなか離れられず泣き出すA子に対して悩みながらも、自分なりにかかわり、A子との関係を築いている姿があります。A先生は、自分なりにA子にかかわっていくなかで、A子の姿が変化していくことに喜びを感じていたのです。そして、子どもの変化（活動し始める姿）を喜ぶとともに、その変化が自分自身のかかわりがきっかけとなっていることに保育者としての役割を見出していたのです。

このようなことから、A先生が就職当初「手ごたえ」を感じている時には、主に次の三つのことをともなっていたと考えられます。

①同僚との関係が良好であること。

②子どもに対して自分なりにかかわり、そのかかわりによって、かかわった子どもの振る舞いや行動に変化が見られること。

③子どもの振る舞いや行動が変化していく過程において、自分自身のかかわりが何かしら影響を与えていることが自分自身で捉えられていること。

つまり、子どもの変化の原因になることに保育者としての役割を見出し、そして、自分自身が原因になれていることに対して実感をもてることが、A先生にとっての「手ごたえ」になっていたのです。

一方、B先生は、前述したようなA先生の姿をA先生なりにいろいろ試している姿として受けとめ、好意的に認めていました。そして、A先生がいろいろ試せるように様々なアドバイスもし、A先生が自分のアドバイスや保育をA先生なりにA先生の保育に取り込んでいく姿を面白がったり、喜んだりしていました（時にそれが、B先生から見れば的はずれな表面的な真似であったとしても）。そして、B先生は、そうしたA先生の姿を支え、援助していくことに先輩としての役割を見出していました。

「変種のYOU世界」を築く保育者たち

こうした状況は、一見するとA先生の子どもや同僚との関係が非常にうまくいっているように見えます。しかし、先に述べたドーナッツ論をもとに考えると、新任A先生は子どもや先輩B先生とYOU世界を築いていたと言えるでしょうか。

A先生には子ども（B先生にはA先生）が、自分を必要としていることがすごくよくわかっており、なんとか力になろうと必死でかかわっていました。その結果、子どもは安心して活動し、A先生は手ごたえを感じ、先輩は温かく励ますなど、確かに表面的にはうまくいっていました。しかし、それが、相手のYOU的他者になり、相手とYOU世界を築いていたかというと、そうとは言えません。ただただ必死で、目の前の問題を解決しようとしていたに過ぎないのです。つまり、表面的にはお互いにとっての「YOU」となり、YOU的にかかわってはいるが、「YOU」の背後にあるそれぞれが生きている世界（THEY世界）の存在には目を向けていない状態なのです。このようなドーナッツ論における第一接面に近いかかわりが存在しつつも、第二接面が欠如している関係を、ここでは「変種のYOU世界」と呼ぶことにします。

入園して間もない子どもたちを保育し、ましてや現場に出て日が浅い新任保育者であるならば仕方ないことかもしれません。また、相手との関係を構築している初期として捉えれば、潜在的な「YOU世界」であるともいえます。しかし、「変種のYOU世界」に安住を求めていくと、やがてその「変種のYOU世界」さえもが破綻していきます。

3　自分の果たしている役割・貢献度が見えにくくなっていく保育者たち

「手ごたえ」を失っていくA先生

人の成長を主体的に支えていこうとすることは、人間として、保育者として自然なことでしょう。また、A先生がB先生をはじめとした周囲の保育者の保育する姿を真似し、自分の保育に生かそうとする姿も新任らしい自然な姿です。しかし、子どもたちが幼稚園の生活に慣れはじめ、それぞれの子どもが自分らしく生活しはじめていくと、A先生はそうした子どもたちをどのように支えていけばいいのかと思い悩むようになっていきました。当時の様子を振り返って二〇〇四年一月にA先生は次のように記述しています。

【エピソード２】子どもが「こわい」、周囲の保育者の目が「こわい」　二〇〇三年六月

> ①子どもたちの入園当初の緊張がとけ、それぞれがそれ以前には見られなかった姿を見せ始めると、そうした子どもとの関係を築くことに難しさを感じ始めた。②いわゆる「手のかかる」子どもに対して私は、どうすれば自分の期待や願い（もっと遊んでほしい・片付けてほしい・やる気になる等）に応えてくれるかと考え始めていた。また、同僚の自分の子どもとのかかわりを見る目が気になり始めた。そして、③私は、子どものことが「こわく」なり、そうした子どもとの自分のかかわりを周囲の同僚に見られることも「こわく」なっていた。私は、目の前の子どもとかか

わりつつも、むしろ周囲の同僚の目を意識して、保育していたと思う。

傍線部①からは、入園当初には見えやすかった子どもに対しての自分の保育者としての貢献度や存在意義が見えにくくなり、自分自身が果たして子どもの支えになっているのかどうかわからなくなり不安に陥っている当時のA先生の姿が表れています。言い換えれば、当初は持っていた保育者としてやっていく「手ごたえ」を失っているのです。そして、傍線部②では、なんとか自分の存在意義を取り戻そうとし、結果として自分の期待に応えてくれるよう、自分の一方的な理解や解釈をもとに子どもたちとかかわっていく姿が表れています。

そして、傍線部③からは、それまでは、ただただ有り難かった周囲の保育者の存在が、A先生にとって異なったものになってきていることが表れています。A先生は当初から周囲の保育者の保育する姿をお手本とすべき存在（模倣の対象）として捉えてはいました。しかし、自分自身の保育に「手ごたえ」を感じられなくなっていくなかで、模倣しようとする周囲の保育者の姿は「自分の至らなさを示すもの」として感じられるようになっていったのでした。

たとえば、二〇〇三年一〇月、入園当初からA先生が気にかけていたM男が、B先生と一緒に段ボールで救急車をつくり、楽しそうに遊んでいる姿を目の当たりにした時などには、自分自身とのかかわりにおいては見られないM男の姿であることを感じ、保育者としての力のなさを実感したとも言っていました。B先生としては，A先生の力になろうとM男とかかわり，M男の姿を共有したいという思いからその時のM男の姿をA先生に伝えるが，A先生には自分の至らなさを示されているとしか感じられなかったようです。

このように周囲の保育者に対する意識が変わっていくなかで，A先生は自分の保育をみられることやサポートしてもらうことに対して抵抗感を持ち始める一方で，「子どもたちが動いてくれない」「動かすためには，どうかかわればいいか……」といった表現がA先生の子どもを語る言葉に目立つようになっていきました。そして，いかにいわゆる「問題行動」をなくし遊ばせるか，といったことばかりに捉われるようになっていったのです。

思い悩む先輩保育者たち

一方，当時B先生は，どうにかA先生の力になろうと，「その子の行為をどう捉えた？」「どういう思いでその子にかかわった？」「どんなねらいや意図をもって援助したの？」といった問いかけをA先生に投げかけていました。そうしたB先生の姿からは，なんとかA先生を育てたい，A先生の思いを知りたい，自分の言葉で子どもの姿を語ってほしいと願っていることが観察者である筆者には伝わってきました。しかし，A先生は言われれば言われるほど話せなくなり，身体も表情も固くなっていきました。そんなA先生をみて，B先生をはじめ周囲の保育者らは，どのようにサポートすればいいのかわからず，日々ますます悩んでいくことになっていました。

　また、A先生以外の保育者は皆、保育の経験年数が十年を超えており、当然良かれと思って様々なアドバイスを彼女にしていきます。しかし、いつの間にか自分たちが暗黙のうちに「できているること」「やっていること」ばかりが話題となり、無意識のうちにその枠組みのなかでA先生の姿を語ることになっていきました。そして、A先生は何ができていて、何ができていないかを評価するようになっていったのです。すると、これからの課題や「なるべき保育者像」「やるべき保育」を、周囲の保育者も、A先生自身も無意識のうちにより強く想定することになり、具体的な子どもの姿を話題にすることよりも、表面的な子どもの集め方や、生活の流れの作り方などが話題の中心にならざるを得なくなっていきました。

　その一方で、「子どものことを語りたい。子どもの姿を面白がってほしい」という思いを持っていることが当時のB先生の姿からは常に感じられました。言い換えれば、それだけ子どものことを話す機会が減っている状況を（無意識のうちに自ら作り出すことに加担しつつも）、危惧していたのです。

「自己効力感」へのとらわれが生む「無力感」

　子どものことを語りたいと願っているB先生は、自分の考えが伝わらない一方で、A先生の思いが読み取れないことにも悩んでいました。しかし、むしろA先生は、B先生の思いを自分なりに汲み取り、周囲の「まなざし」を敏感に察し、期待に応えようと保育していたと考えることもできます。

たとえば、B先生は筆者との会話のなかで、A先生について「一斉場面でのほうが、力が入っているように見える」と危惧していたことがありました。それに対し、A先生は自分の存在が子どもをまとめたり、支える存在になっていることが見えにくくなる一方で、周囲の保育者にはそれができていることが見え、さらには、その部分を自分が見られている（求められている）と感じているからこそ、クラスの子どもを集めた場面での保育により力が入っていたとも考えられます。しかし、自分が思っているような「結果」（子どもをうまく集めるなど）が得られないと、A先生は保育者としての自分に「無力感」を感じていくことになっていたのです。

そんなA先生の姿は、B先生の目には、子どもの姿を面白がったり、味わったりしていない姿として映るのです。実際、A先生には子どもの姿を味わう余裕などは、もはやありませんでした。そこで、B先生は「もっとA先生に子どもの姿を味わってほしい」と思いながら様々なアドバイスをしていくが、B先生の思いとは裏腹にA先生は「子どもを上手にコントロールしなければ」（それが求められている）と思い、B先生の保育の表面的な部分の模倣を繰り返すことになっていきました。

A先生だけでなく、B先生もまた、A先生の姿とA先生に対して効果的な援助ができないでいる自分自身に対してもどかしさや「無力感」を感じることになっていました。そしてまたA

先生はそうしたB先生の目を意識して保育し、「なんとかしなければ」と、より子どもの姿が味わえなくなっていくのです。さらに、そうしたA先生の姿を見てまたB先生が思い悩むという悪循環に陥っていました。

このように、「自分が相手（子ども・新任）の変化（成長）の原因になりたい」という保育者の本来の欲求が妨げられると、強引に自分の効力感（役割・貢献度・存在意義）を確認し、取り戻そうとせざるを得ないのかもしれません。こうした「自己効力感」へのとらわれは、新任者レベルでは「やる気」「働き甲斐」につながるようにも見えます。しかし、ある時期をすぎると、むしろ「無力感」になって跳ね返ってくると考えられるのです。

4　保育者たちを取り巻いていた学習観・評価観

二項対立的な関係の生成

どんなに親身になってB先生がA先生にアドバイスをし、A先生が子どもにかかわっていたとしても、「自己効力感」を取り戻そうとする時には、新任A先生と子ども、先輩B先生と新任A先生の関係は、二項対立的な関係になっていきました（図1-A、図1-B参照）。

図1-AでのA先生は、子どもとの関係において、自分が思い描く「なって欲しい子どもの姿」にするために必要な「解釈」・「診断」を行い、それに基づいたかかわりや助言を子どもに

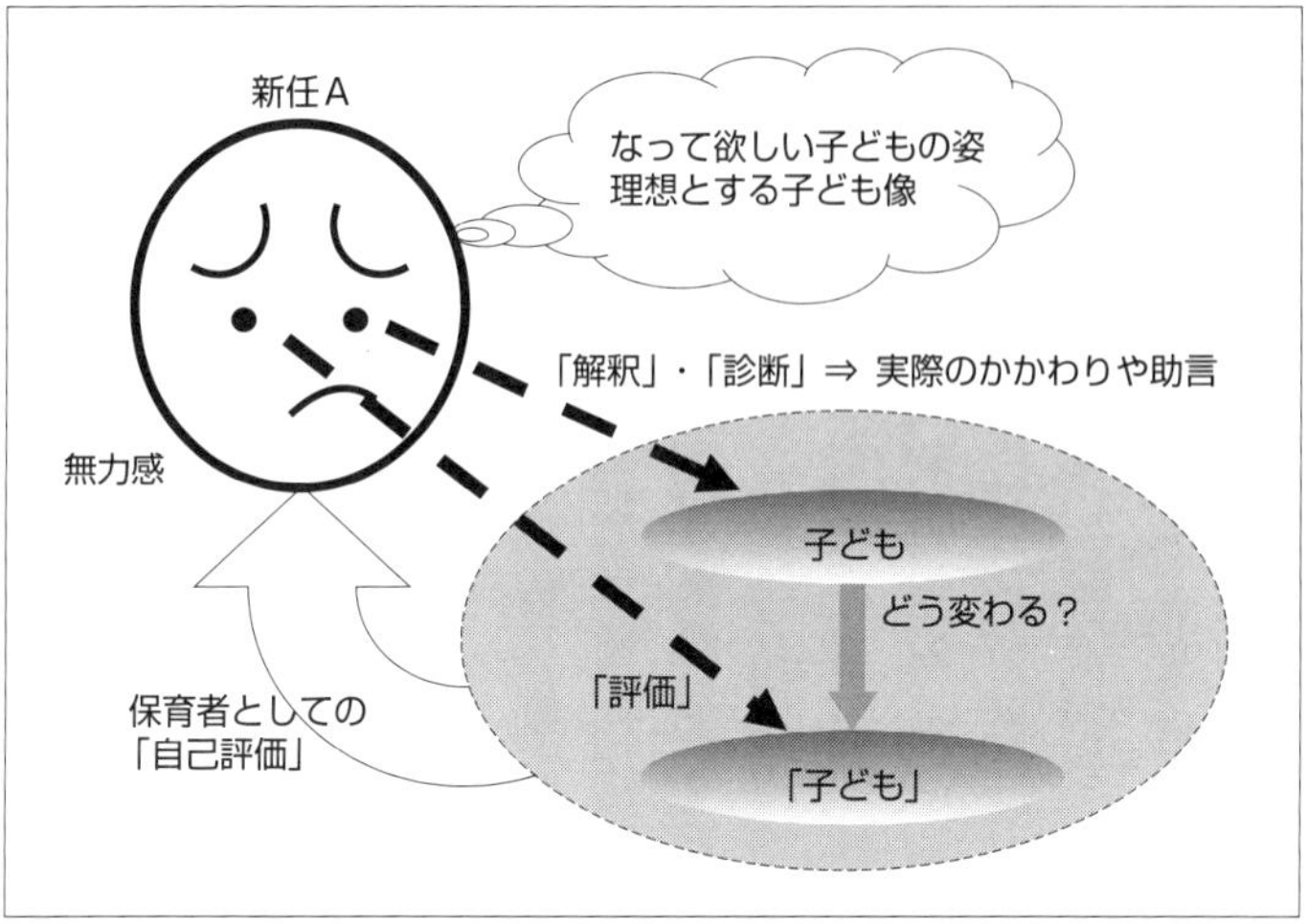

図1-A　新任Aと子どもの二項対立的な関係（無力感の生成過程）

対して行うことになります。その結果、子どもがどう変わったか、すなわち当初自分の思い描いた姿に子どもがなったかどうかを評価することになります。さらに、その評価をもとに、保育者としての自己評価を下し、子どもが変わらなければ無力感を感じることになっていたことはすでに述べた通りです。一方、図1-BにおけるB先生とA先生の関係においては、B先生は、A先生になって欲しい保育者像を思い描き、そのために必要な「解釈」・「診断」を行い、それに基づいたかかわりや助言を行うことになります。その結果、A先生がどう変わったか、すなわち当初自分の思い描いた姿になったかを評価し、さらには、先輩保育者（A先生をサポートする側）としての自己評価を下し、思ったような変化が見られな

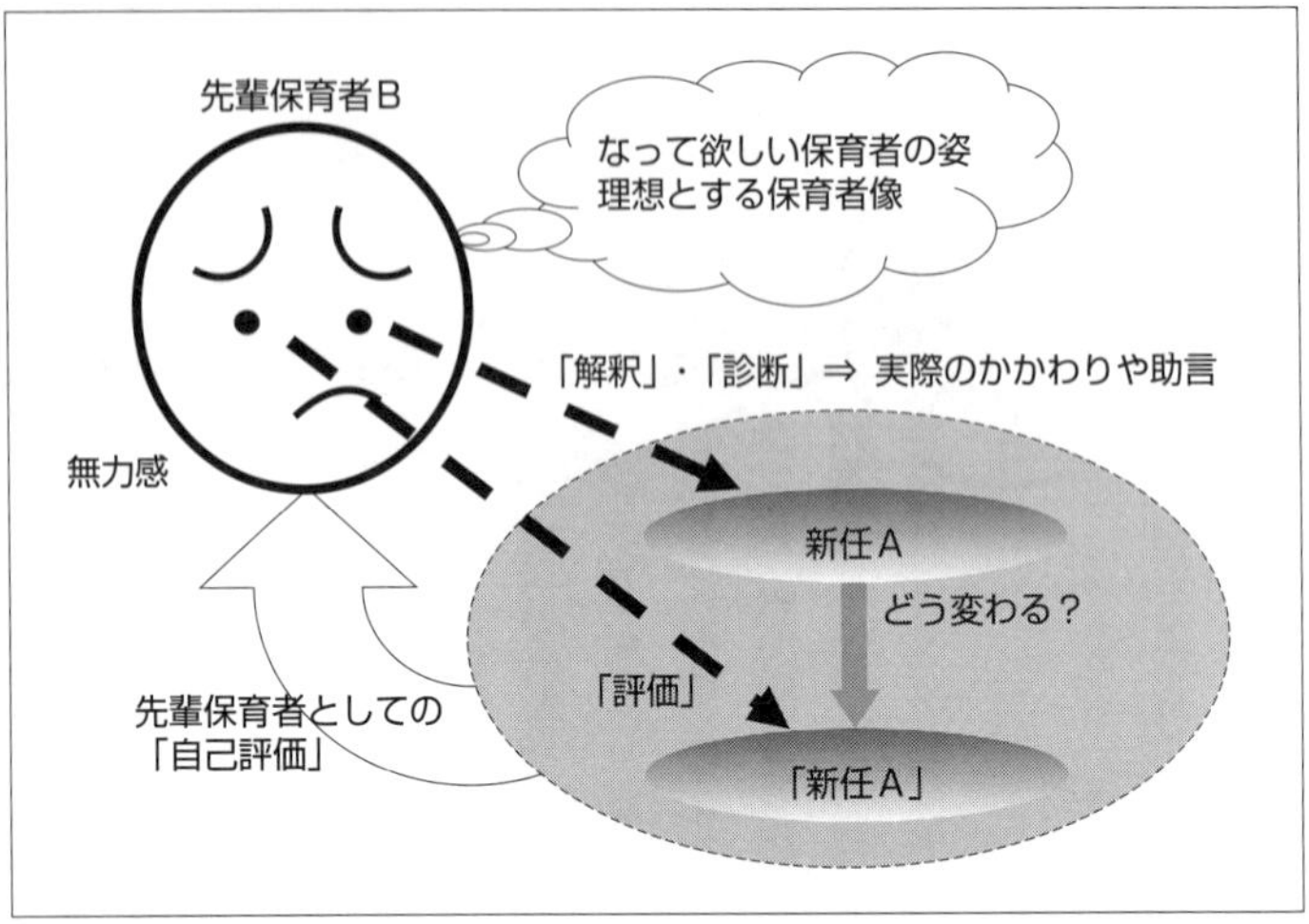

図1－B　先輩Bと新任Aの二項対立的な関係（無力感の生成過程）

い時には無力感を感じていくのです。

特徴的なことは、二つ（新任と子ども、先輩と新任）の関係において、前者が常に「正解」を握っているということです。さらに言えば、二つの関係は、「評価する側」と「評価される側」、「働きかける側」と「働きかけられる側」、「質問する側」と「答える側」というように二項対立的な関係になっていることです。

THEY世界そのものとしての先輩保育者と道具的存在としての子ども

子どもとA先生、A先生とB先生の関係が、二項対立的になっていく時、先に述べた「変種のYOU関係」は破綻していきます。A先生にとって、B先生は「自分がならなくてはいけない姿」や「到達すべき姿」として存在していくことになります。つまり、ドーナッツ論でいえばA先生にとっての「THEY世界」そのものとなっていくのです。(8) 一方、B先生のほうも、A先生に対して知らず知らずのうちにTHEY的にかかわっていくことになります。つまり、A先生の子どもの捉え方や見方には目が向かず、自分の経験や理想から「どうかかわるべきか」といった答えを一方的に提示することになっていくのです。就職当初の「変種のYOU世界」は第二接面が欠如した関係でしたが、この場合には第一接面が欠如していることになります。

一方、A先生と子どもの関係では、A先生にとって子どもは、B先生（変種のYOU）との関係、すなわち「変種のYOU世界」を維持するための「道具的存在」となっていきます。つまり、周囲の目を意識して保育するときには、その周囲の「評価の目」に応えることが優先課題となり、子どもが「どういった状態に置かれているのか」「何を求めているのか」「何が必要なのか」といったことについて考える余裕がなくなり、子どもとの関係においても第一接面が欠如していくことになります。

このような第一接面が欠如している「変種のYOU世界」をここでは、「いつわりのYOU世界」と名づけることにします。

「どうやればいいのか」観に縛られる保育者たち

二項対立的な関係、あるいは「いつわりのYOU世界」のなかに知らず知らずのうちにはまり込んでいくと、「どうやれば、子どもや新任は変わるのか」、「どうやれば相手は喜ぶのか」あるいは、反対に「どうやらなければならないのか」といったことばかりにとらわれていくことになります。そうした「どうやれば○○」をここでは仮に「どうやればいいのか」観と呼ぶことにします。

先の図1-Aや図1-Bの関係でいえば、A先生から子どもへ、B先生からA先生へ、「どうやればいいのか（正解）」を伝えようとすることになります。そして、「どうやればいい（援助や保育ができる）のか」について、わかりやすく親切に教えてくれる先輩が、新任にとっても、先輩自身も「いい先輩」と考えるようになります。同じように子どもとの関係で言えば、「どうやればいいのか」懇切丁寧に教えてくれる保育者が「いい保育者」ということになります。

一方、「どうやればいいのか」訊ねてくる新任や子どもが、先輩や保育者にとっては「扱い易い」存在、あるいは、自分の効力感を確認しやすい存在となり、安心できるのです。逆に自分が想定していない姿や自分の枠組みに納まらない姿を目の当たりにしていくと、自分にとって「扱い難い」存在となり、その姿を否定的に捉え、一方的な助言や援助で変えようとすることで、自分の効力感を取り戻そうとするのです。

そうした「どうやればいいのか」観が表面化しない場合には、一見その園の実践がうまくいっているようにみえるかもしれません。しかし、実際には、新任にとっては「させられている」保育であり、子どもたちにとっては「させられている」遊びや活動になっている可能性もあるのです。つまり、「どうやればいいのか」観にのみ縛られていくと、「どうやれば正解なのか」を、子どもも、新任も、先輩でさえもが躍起になって追い求めることになり、「正解」を伝える側は必死で「身につけさせよう」とし、伝えられる側は必死で「身につけよう」とすることになります。そして、どれだけ「身につけさせ」、「身につける」ことができたか、すなわち「結果」のみで個人の力量が評価、判断されることになるのです。

A先生の場合で言えば、先輩の助言の端々から「こうしたら」という暗黙の指示を読みとり、先輩がやって欲しいと思うやり方を先輩の本来の意図とはかけ離れたところで実践しようとするわけです。本来、先輩の保育する姿や助言・アドバイスは、A先生にとってかけがえのない資源になるはずです。しかし、「どうやればいいのか」観にのみ縛られていくと、A先生にとっては「評価の枠組み」としてしか捉えられなくなっていくのです。それでもなお必死に、周囲の期待に応えよう、要求に応じよう、とすればするほど目の前の文脈にそぐわない姿勢をとることになり、彼女自身も、アドバイスをした先輩も「無力感」を感じていくことになっていたのです。

一方、子どもと保育者の関係であれば、仮に子どもたちが自分たちの思い描いた通りの姿を見せたとしても、それは、保育者の顔色を伺って活動している姿かもしれません。つまり、子どもたちは、保育者の期待に応えようとするか、あるいは期待に応えているかのような「フリ」をしていることもあり得るのです。

「どうやればいいのか」観が置き去りにするもの

「どうやればいいのか」観には、何が欠けているのでしょうか。それは、「〇〇すること」の意義や価値への実感、あるいは、「なぜ、〇〇しなければならないか」を問う自発的な問いかけ、さらには、別の可能性を自分なりに模索する探究心などが、欠けることになります。そうした実感や自発的な問い、探究心などはその当人の「学び」や「成長」にとって本来欠かせないものです。

保育者の場合で言えば、こうした「学び」は、目の前の子どもの姿を味わうこと、かかわることから生まれるのではないでしょうか。今、まさに自分がかかわろうとしている（あるいは、かかわっている）その子の見ている世界や感じている世界をともに見て、ともに感じることから始まるのです。そして、その子の置かれている状況、立場、思い、意図などに思いを巡らし、今その子にとって何が必要なのか、その子は何を求め、何に目を向けているのか、それらのことについて吟味しないかぎり、具体的な援助方法の意義や価値は当然見出せないのです。

では、保育者はどのようにして子どもの立場にたち、子どもの姿に即した援助のあり方を見出し、保育者として育ち、育ち合っていくのでしょうか。言い換えれば「どうやればいいのか」観に縛られつつも、そこから少しずつ脱していく時には何が起きているのでしょうか。その後の新任A先生と先輩B先生の姿をもとに考えてみたいと思います。

5 「どうかかわるべきか」から「何が起こっているか」へ

A先生とB先生の関係が劇的に変化し、それぞれの葛藤が完全に解消されることはありませんでした。むしろ日々の保育では次から次へと対応していかなければならない問題が浮上し、それらに対応することで精一杯のようでした。それはA先生のみならず、B先生も同様でした。そんな大変な状況が長い間続きつつも、ちょっとしたことがきっかけとなって、A先生にも、B先生にも小さな変化が少しずつ見られるようになってきました。次のエピソードは、A先生、B先生、筆者が他園の保育者や研究者とともに保育について話し合った時の出来事です。

自分のA先生に対するかかわりを問い直すB先生

【エピソード3】園外の保育者や研究者との話し合いのなかで　二〇〇四年五月

A先生の話す番になり、A先生は、自分の気になっているM男についてぽつぽつと語り始めた。A先生が自信なさげにM男について一通り語り終えると、園外の保育者の一人が、「M男についてもっと聞きたいんだけど……」と切り出し、A先生に「M男ってどんな子?」「どんなときにトラブルになるの?」などと聞き始めた。すると、それまで言葉少なになっていたA先生から、次々とM男の様子が語られ始めたのである（A先生自身が手に負えなくなったM男の様子も含めて)。A先生自身が語るM男の姿からは、その場の人々の間に、M男の姿をリアルに浮かび上がらせるとともに、それぞれが経験した、似たような状況さえもが頭のなかに想起され、各人が各人の視点からM男について語り始めた。そして、それらを共有し吟味するうちに、M男の置かれている状況や周囲の関係の在りようが新たに見えるようになってきた。また、こうした話し合いの過程のなかでB先生は、日頃の自分自身のA先生に対するかかわりを問い直し始めてもいた。つまり、いつの間にか子どもの姿ではなく、A先生の子どもの見方やかかわりばかりを、彼女との会話のなかで話題にしていたことを省み始めていたのである。

話し合いの後、B先生は、その話し合いの場の雰囲気に注目し、まだ自分が別の園にいた頃、この場にいた園外の保育者らとともに縦断的な研究に参加していた時のことを思い起こしていました。当時のB先生自身が生き生きと子どもの姿や保育を語っていたことを。

そして、今、A先生自身が生き生きと語っているこの話し合いの場と当時の場の雰囲気に共通するものを感じ取っていました。いずれの場においても語り手は自分の難しい・面白いと思う子どもの姿を語る一方で、聞き手は語られる子どもの姿を想起しながらその子に対するイメージを膨らませるために、その子についての情報を聞き出しているにすぎず、「どのように保育すべきか」、「かかわるべきか」といったことが一番の問題関心になっていないことを過去の経験と照らし合わせて想起していたのです。そして、B先生自身も、その場の参加者がしているように、A先生の語る子どもの姿を共有していくなかで自分自身のそれまでのA先生に対す

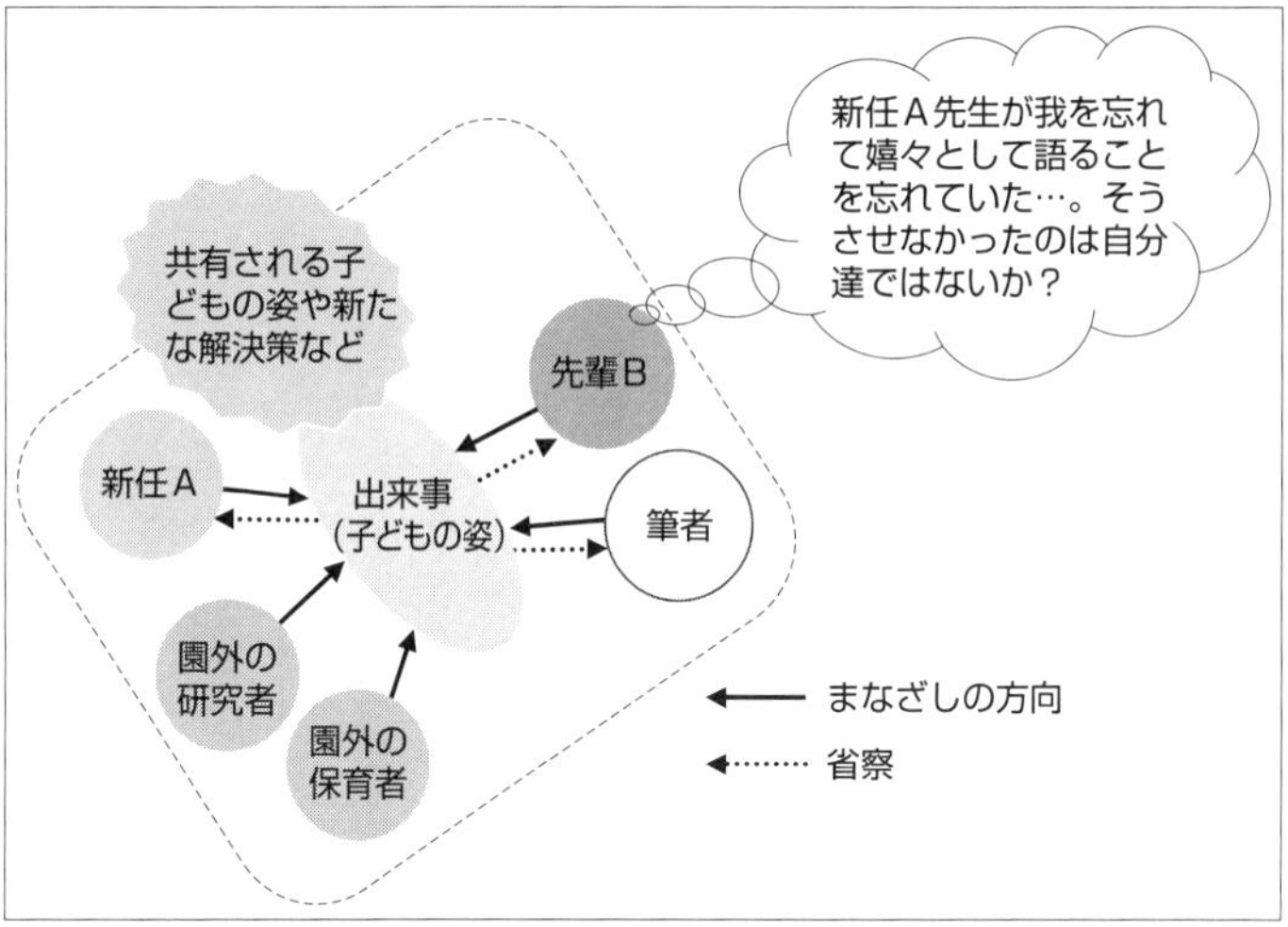

図２　園外の保育者・研究者の話し合いの場

るかかわりや話題にしていた内容を問い直し始めていたのです(9)。

だからといって、まったく保育者の子どもに対するかかわり方や具体的な保育方法について触れないわけではありません。共有されたＭ男の姿をもとに、保育者として、担任として何ができるのかを結果的に考えることになり、Ａ先生はそれまでの自分のＭ男に対するかかわりを省察してもいました。

このように話し合われる内容が「どうかかわるべきか」から「何が起きているか」へと変わっていくことで、具体的な子どもの姿や状況に自然と目が向くようになり、その具体的な出来事をもとに自分たちの子どもに対する援助のあり方や同僚に対しての自分の存在を問い直す姿がみられるようになってきました。

子どもの姿を味わい、自分の保育を探究し始めるA先生

一方、A先生は、A先生の自分の抱えている問題を少しずつB先生らと共有していくなかで、自分の見方や思いを自分の言葉で表現することの意義や価値を見出していきました。同時に、子どもや状況に即してB先生らの視点を自ら捉え直すことも少しずつし始めていました。それは、B先生を始めとした周囲の保育者が「何を考え、求めているのか」、あるいはさもそこには「正解」があるかのように探ることからA先生が少しずつ解き放たれていく姿のようにも見えました。実際、A先生の子どもの見方や葛藤の質が変わっていきます。

【エピソード4】「助け鬼をしているみたい」 二〇〇四年五月

登園し、朝の支度を済ませると、H男らは、「ドッチボールやろうぜ!」と園庭に飛び出していく。園庭では、A先生が、ドッチボールのコートを描いている。ドッチボールが始まると、AN子、N子、NA子も加わる。見ていると、外野はなく、相手のチームの誰かを当てると、当たった子どもは、外には出ないで、当てられたチームに帽子の色を変えて、今まで敵だったチームに入っていく。そんななかで、NA子が、助けて助けてと相手チームにいるAN子とN子に声を掛けている。もともと同じチームだった三人だが、早々に当てられたAN子とN子が当てられたチームに移っている。N子のところにボールがくると、NA子に当てて、当たったNA子は、喜

んで、AN子とN子のもとにいき、「やった！　やった！」と三人で手を取り合って、喜んでいる。

　A先生が筆者のところまできて、「おもしろいですよね、ドッチボールしながら助け鬼しているみたいなんです」と話しかけてくる。うれしくなって「ほんとだね、いろんな楽しみ方があるみたいだね」と筆者。そうこうしているうちに、またAN子が当てられ、三人は、分かれてしまう。するとN子とNA子は、必死にボールを追いかけ、AN子を当てようとし、AN子は「たすけてぇー」と二人を呼んでいる。その場面をみながら、「最近、面白いんです。子どもたちの楽しんでいることが少し見えてきて」とA先生。「ほら、あっちでは、真剣勝負なんですよ」とH男らのほうに視線を向ける。H男らは向かいあった相手めがけて必死にボールを投げかえし、狙いを定められたら必死で逃げている。

【エピソード4】でのA先生は、一つのドッチボールコートのなかで様々な楽しみ方をしている子どもたちの姿を喜んだり、面白がったり、不思議がったりしています。その一方でA先生は、この後、どういう風にルールをつくっていくのか（すでに、外野ありのドッチボールを求めている子もいる）をかなり気にかけてもいました。しかし、B先生によれば、そのこと自体を「こんなふうに楽しんでいる子どもたちがいるから、今度はどうしましょうか？　こんなふうにやってみたらもっと面白そうなんですけど……」とA先生自ら捉えた子どもの姿をもとに、様々なことを提案してきていたそうです。

こうしたA先生の姿は、子どもにとって自分に何ができるかを思い悩み、模索している姿であり、以前のそれと一見同じに見えるかもしれません。しかし、表面的には同じ思い悩む姿であったとしても、質的には異なっています。ここでのA先生は思い悩みながらも、はじめに「正解」ありきの保育や先輩に「答え」を求めてはいません。また、周囲の期待の目に応えられない自分自身に思い悩んでいるわけでもありません。むしろ、子どもの姿や状況、背後にある文脈などをB先生や筆者とともに味わい、その状況に即した援助を探究し始めていくなかで自分に何ができるかを思い悩んでいるのです。

6　子どもをともにみる「まなざし」がもたらしたもの

A先生のB先生に向ける「まなざし」の変容

A先生が子どもや目の前の状況に即して自分にできることを模索していく時、A先生のB先生の保育する姿勢に対して向ける「まなざし」も少しずつ変わってきました。たとえば、先にも挙げたM男が自分以外の保育者（特にB先生）にかかわりを求め、そこで新たな姿を見せていることに気がつくと、A先生はそれを自分の至らなさに還元するのではなく、そのかかわりのなかでのM男らしさを見出し、そのことをM男の育ちとして捉えるようになっていきました。そして、自分の知らないM男の姿を、A先生のほうからB先生にどんな様子だったか積極的に聞きに行き、お互いの見方を交換し、自分とのかかわりに生かしていくようになっていったのです。すると、両者の子どもや保育を語る語り口や視点そのものが変わってきました。

【エピソード5】A先生、ケンカを語る　二〇〇四年六月

保育後、年長組の学年会において、先週の実態を話している際、ドッチボールが最近盛り上がっているということから、相変わらずさくら組（A先生の担任クラス）においてケンカが絶えないということに話題が移った。

A先生は、「なんか、トラブルが絶えないんですよね、ゆり（B先生の担任クラス）は起こらないのに……」と、ちょっとため息をつきながら、B先生に話す。それに対して、B先生は、「そうおう？　まぁたしかに、今日もすごかったよね、T男とかさぁ」と言うと、「どうしたら、いいのかなぁって……。でも、今、ドッチボールの時とかは、今のところ、ジャンケンが、子どもたちの納得しているルールになっているじゃないですか。そしたら、最近、他の場面でも、そんな風にジャンケンを使っているんですよ。」とA先生。それに対して、驚きの表情をみせながら、「ほぉう、それで、それで」とB先生。そこでA先生は、T男らが、ジャンケンをケンカの解決策に用いようとしつつも、ジャンケンで解決しようと思っても解決できないことがあり、そこで今度は、ケンカを収めるための方法をめぐってトラブルになっているように見えることがあると、具体的な子どもの姿をもとに自分の考えを述べていく。

当時A先生は、自分のクラスの子どもたちがすぐにケンカになるなど、トラブルが絶えない

ことについてかなり悩んでいました。また「ケンカの仲裁に入るタイミングが遅い」といった指摘を周囲の保育者から受けたりもしていました。しかし、A先生はそれを自分だけに特有な課題として抱え込むことはせずに、わからないこと、悩んでいることをストレートにB先生にぶつけるようになっていきました。一方、B先生は、ケンカをどう収めるか、保育者として何をすべきか、といったことを前面に押し出すのではなく、A先生の言葉から想起される具体的な子どもの名前をあげ、実際の文脈に即してA先生の見方や思いを聞き出すようになっていったのです。そして二人は、ケンカの内実にともに目を向け、状況に応じてケンカの質が変化し、そのなかで、子どもたちが様々なことを学び合っていることを吟味し合っていくのです。そして、A先生はただ単にケンカを納めたり、トラブルを減らすことに囚われるのではなく、その場の状況に応じて介入の仕方を変えるなど様々な工夫をしていくようになっていきました。

ここでは、以前のように子どもを評価してもいなければ、どちらかが評価し、評価されるような保育者間の関係も存在しません。自分たちの見た出来事を交わし合い、そのなかで見えてきた子どもの姿やその背後にある文脈にともに目を向けているのです。そのなかで、お互いの意図や大切にしたい事柄（子どもの姿や活動）が可視化され、自分たちに何ができるか、何をすべきかをともに探究しているのです。

「わかならない」ことを共有していくなかで

A先生の子どもの見方や子どもを語る語り口、内容そのものの変化は、B先生の保育を語る姿勢や語る内容の変化と相互に影響し合っていたと考えられます。

以前のB先生が語るのは、どちらかというとB先生自身が「よく見えている・わかっている」子どもの姿でした（もちろん、B先生自身はそんなつもりはなかった）。そうしたB先生の姿は、A先生から見れば自分の「見えなさ」を意識させられるものだったのかもしれません。

しかし、この頃、B先生自身も担任しているクラスの子どものことで思い悩み、その事を頻繁にA先生に相談し、自分の抱えている悩みを無意識のうちに開くことになっていました。そうしたなかでA先生が、B先生の知らない子どもの様子やそうした子どもに対する自分の見方を語り始めることも頻繁に起こってきたのです。

B先生は、A先生の視点をもとに自分のクラスの子どもとのかかわり等を捉え直し、自分の保育をつくり変えていきました（もちろん、そうしたことはこれまでもやっていたが、A先生には見えにくいものだったのかもしれない）。そして、そうしたB先生の姿をA先生が目の当たりにしていくなかで、A先生自身もB先生の視点を自分の保育に生かすことを知らず知らずのうちに実践するようになっていったと考えられるのです。

こうした両者の関係や姿勢は、B先生としては、一緒に働き出したころから実践したかったことであり、A先生に学んでほしかった事柄でした。しかし、ここでは「教える」つもりもないのに、A先生はそうした姿勢を自分のなかに取り込み、実践するようになっていたのです。

葛藤の質の変容

「どうやればいいのか」観に縛られている時、A先生は必死に先輩の暗黙の期待に応えようとし、保育していたことは、すでに述べた通りです。しかし、その期待に応えようとすればするほど、自分の想定範囲内で子どもの姿を語り、その想定範囲に子どもを収めようとする一方で、収まらない子どもと収められない自分自身の姿に苦しみ、葛藤していました。一方、B先生は、A先生の力になりたいと思いつつも、自分自身の枠組みでA先生の姿を捉え、A先生の姿に変化が見られないことに葛藤していました。そして結果的には、変わらない相手を責めるか、変えられない自分を責めるかに終止し、それぞれがそれぞれの葛藤を個別に乗り越えようとしつつ、乗り越えられないでいることにもがき苦しんでいたのです。

こうした葛藤は、一見、子どもの姿や保育を巡っての葛藤のように見えるかもしれません。しかし、むしろ本来吟味され、葛藤を呼び起こす対象となるはずの子どもの立場が置き去りにされた「子ども不在」の葛藤だったと言えます。

しかし、両者が子どもの姿を共有するようになっていくと、保育にとって一番重要である子どもの姿を巡っての葛藤に変容していきました。つまり、両者は、子どもの思い、意図、とりまく状況、それまでの活動の流れ、文脈などに目を向け、子どもの立場を考慮し、そうした子どもたちに対して自分には何ができるかを考え、葛藤するようになっていったのです。

両者の子どもを見る視点や思い悩むポイントは、もちろん異なります。しかし、そこでの葛藤は、相手（子どもや同僚）もしくは自分を責めることで生まれてはいません。むしろ、相手の世界に身を置こうとすることから生まれる葛藤だと言えるでしょう。また、個人で葛藤を抱え込むこともしません。つまり、お互いの視点や思いを交流させていくなかで葛藤していくことは、自分たちが子どもをよりよく理解し、保育をよりよくしていくためには「大切にすべきこと」や「解決すべき問題」があることをともに見出し、探究している姿なのです。その葛藤は、見えてきた子どもの姿のもつ意味について、ともに問い、そこで必要とされる援助についてその都度考えていこうとする探究心、すなわち保育者としての普遍的な姿勢が生み出す葛藤だと言えるでしょう。

しかし、そうした葛藤は、自分自身の課題を可視化させることになり、時にはより深く思い悩むことも当然起こり得ます。子どもの育ちがそうであるように、保育者の育ちも右上がりに一直線に進むことはあり得ないのです。むしろ、子どもの姿が見えてくればくるほど、それに伴う葛藤も深くなるのです。しかし、そうした葛藤を多様な他者とともに共有し、その内実を吟味しながら子どもや仲間への理解を深めていくことが保育者としての育ちに繋がっていくのです。

7 「対話」のなかの保育者たち

「対話」とは

A先生とB先生のように、ともに子どもをみる「まなざし」を生成し、わからないことさえも共有しながら、相手の見方を自分の保育に生かしていく時、同僚間に「対話」が生成されていることになります。

保育者同士（あるいは子どもと保育者）が「対話」していくときには、相手が今どんな出来事や事柄を面白がったり、喜んだり、悩んだりしているのかを、一端自分の視点や立場を脇に置いて、その人の身になって感じ取っていくことになります。つまり、相手の「まなざし」を通して相手の生きている世界を見て、その世界についての理解を深めていくことができる共感的な「場」を生成していることになります。だからこそ、相手の思いや意図、さらには抱えている問題をも共有することができ、具体的な援助のあり方などをともに吟味することができるのです。

よって「対話」する時には、個人の見方やあり方を一方的（あるいは権力的）に評価し、正解・不正解を問うことなどはしません。異なる見方や解釈を交流させ、多様な異なる視点に出会い、それぞれが自分の見方を問い直し、見方そのものを重層化させていくことになるのです。

だからといって、子どもやお互いの行為や意図を全面的に肯定するわけではありません。保育者として子どもに対して新たな考えを提案したり、同僚や先輩として新たな見方や考えを伝えていくことも当然起こります。しかし、それは、出来事を共有し、その意味や価値をともに問い、よりよくしていくためにはどうすればいいのかともに探究している姿であり、どちらかが一方的に指導しているわけではないのです。

「省察」と「収奪」を生む場としての「対話」

「対話」する相手の身になり、共有される出来事に身を置くことによって「見えてくる」のは、相手の立場（意図や思い）や出来事の内実だけではありません。自分のかかわりや見方への理解が深まっていくことになります。つまり、自分の子どもへのかかわりや同僚へのかかわりを「省察」することになるのです。

また、A先生がB先生と「対話」していくなかでB先生の子どもの見方や他者の視点を自分の子どもとのかかわりに生かしていく姿を目の当たりにし、子どもの見方や視野の広げ方を学び取っていたことはすでに述べた通りです。つまり、保育者同士が「対話」していく時には、同僚の保育する姿勢ややり方を自分なりに活用していくこと、すなわち「収奪」することが可能になるのです。

しかし、「収奪」するのがいつも新任であるとは限りません。先輩保育者、あるいはベテランであったとしても、B先生がA先生や園外の保育者・研究者の視点をもとに自分のかかわりを問い直し、つくり変えていったように、他者の視点や行為を「収奪」していくのです。むしろ、ベテラン（熟練した）保育者は、より柔軟に他者の視点や行為を自分の資源として活用していくことができるのではないでしょうか。言い換えれば、専門性の高い保育者とは、多様な他者に対してその身体が開かれており、共感的にかかわり合い、お互いの見方や行為を収奪し合いながら自分の見方や行為を「省察」することができる存在なのです。よって、保育者の成長には、多様な他者に対してその身体が開かれ、共感的な場を築き合っていくことが欠かせないと言えるでしょう。

ともに保育するスタンスの生成

A先生が自分の言葉で保育を語り、B先生と子どもの姿や出来事を共有していく姿は、自分の身体を開き、見えてくる子どもの姿や自分たちの課題を吟味するという保育者にとって重要な姿勢をB先生と共有し始めている姿として捉えることもできます。一方、B先生はA先生と出来事（子どもの姿）やそこから生まれるお互いの葛藤を共有し、それらを賞味し合うなかで、保育の醍醐味（子どもの姿を味わい、子どもの育ちにとってどうなのかを問うこと）をA先生にかいま見せることになっていたと考えることもできます。しかし、B先生は自分の実践を見せてA先生に「学ばせた」わけではありません。むしろ、A先生自身がB先生との関係を媒介として保育の醍醐味を自らかいま見ていたのでしょう。

さらに、そうしたA先生との関係のなかでB先生は、いつの間にか固定化していた自分の見方やかかわりを「省察」していくのです。つまりたとえ新任であっても、彼女から見えた事実や彼女の見方は、その保育の場に対して様々な資源を提供していることになります。

ここでの二人の関係は、先輩と新任という立場の違いはあるにせよ、固定化された「教育する側」と「教育される側」、あるいは「自分の実践を見せる側」と「見る側」といった二項対立的な関係ではありません。両者はともに保育「する側」に立っています。つまり、A先生は、B先生との「対話」を通して、保育者として保育という営みに向かうスタンス（身構え）を生成し、その園の実践（さらには、保育という営み）に対してともに貢献し、創造していくことになるのです。

「対話」の生成＝ＹＯＵ世界の生成

保育者同士の間に「対話」が生成され、ともに「する側」に立つことによって、お互いの子どもの見方や考えを感じることができ、子どもに対する多様な見方が許容されていきます。そして、子どもの生きている世界を多様な視点から捉え直し、自分たちの保育に活用していきます。しかし、そうした関係は、保育者同士がお互いの見方に関心をもち、その人の身になって、その人の意図を理解しようとする姿勢なくしては生まれません。つまり、「対話」の生成は、同僚間のYOU世界を生成していることと同じなのです。むしろ、YOU的なかかわりなくして「対話」は生まれないと言えるでしょう。

子どものYOUになることと同僚のYOUになることの連動性

保育者が子どもや同僚のYOUとなり、保育者として育っていく過程は、ドーナッツ論をもとにあらためて捉え直すと図3のように表すことができます。

ここでのIを新任保育者として考えた場合、保育者として育っていく時には、子ども（YOU）とYOU世界を築き、子どもたちが関わっている世界（THEY世界）や新任保育者が関わっている世界（子どもにとってのTHEY世界）にともに目を向け、必要な援助をその都度見出していくようになります（矢印①）。

そして、そのような新任保育者の姿は、新任保育者に対する先輩（周囲の保育者）のYOU的なかかわりによって支えられていました。つまり、新任保育者が子どもにとってのYOUになることと、先輩が新任保育者にとってのYOUになっていくことは連動しているのです。先輩が新任保育者にとってのYOUになっていく時、新任保育者も先輩にとってのYOUにも当然なっていきます。そして、新任保育者が先輩とYOU世界を築き、YOU的にかかわり合う時には、先輩のかかわっている世界（THEY世界）をかいま見て、保育をよりよくしたいと願う営みに新任保育者なりに参与していくことにもなるのです（矢印②）。

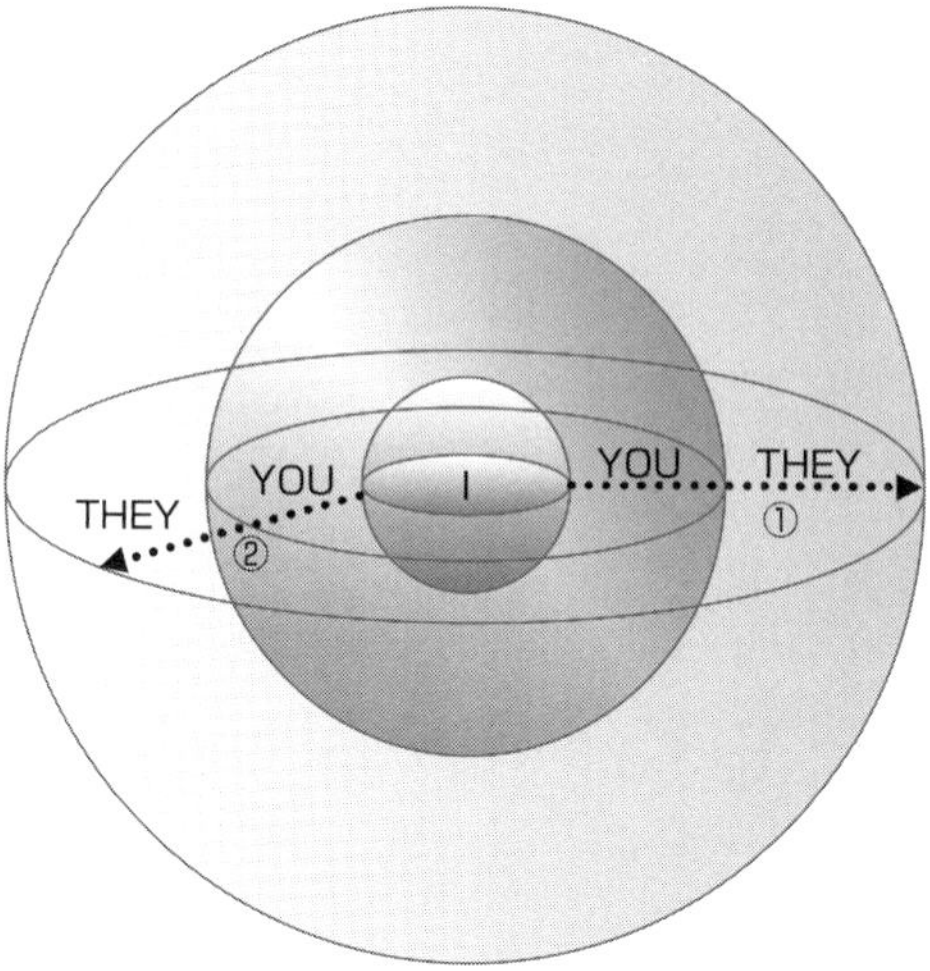

◀‥‥‥ ①　保育者（I）が子ども（YOU）とYOU世界を築き、子どもの世界（THEY世界）にともに目を向け、子どもにとってのYOU的他者になっていく過程。

◀‥‥‥ ②　保育者（I）が同僚（YOU）とYOU世界を築き、園の保育や保育という営み（THEY世界）に対するスタンスを確立していく過程。

図3　ドーナッツ論からみた保育者が育っていく過程

つまり、矢印②は、新任Ｉが先輩（ＹＯＵ）を媒介として園の職員集団や保育者コミュニティの一員になっていくことを表しています。ただし、たんに既存の園文化や保育文化に染まり、馴染んでいくことを表わしているわけではありません。既存の園の保育や自分たちの保育を省察し、ともにつくりかえていくことを表しているのです。言い換えれば、経験年数に縛られない「同僚」になっていくことを示しているのです。

このようなことから、保育者が子どものＹＯＵ的他者となり、保育者として育っていく時には、同僚にとってもＹＯＵ的他者となり、さらには、保育という営みへのスタンスをも生成していることになるのです。つまり、保育者と子どものＹＯＵ世界は、多様な他者（同僚や保護者、研究者など）とのＹＯＵ世界の生成、さらには保育という営みへのスタンスの生成と連動して成り立っていることになります。よって、このモデルのＩは、何も新任だけでなく、保育の場で育ち、育ちあう保育者であれば、誰にでも当てはまることだと言えるでしょう。

8　保育者の育ちの根幹にあるのは「共感的知性」

子どもとともに育ちあう保育者とは

保育の場において中心にいるのは子どもたちです。子どもたちが何を見て、感じ、どのように育ち合っているのか吟味しながら、その姿を支え、援助していくのが保育の原点です。子どもは、そうした保育者の援助を支えとして育っていくのです。

よって、保育者が育ち、その専門性を高めていくということは、当然のことながら、自分の保育している子どもたちのことがよりよく「見えてくる」ということです。「見えてくる」のは、子どものかかわっている世界（保育者にとってのＴＨＥＹ世界。遊びのなかでの子どもたちが感じ・意図していることなど）であり、さらにはその創造（あるいは、停滞）に関与している自分自身の保育者としての姿です。だからこそ、子どもたちのことがよりよく「見えてくる」時には、子どもの視点にたって自分のかかわりを省察することも連動して起きるのです。その一方で、保育者が子どもの世界がよりよく「見えてくる」時には、子どもも、保育者自身がかかわっている世界（子どもにとってのＴＨＥＹ世界。子どもたちが潜在的に出会っている文化的実践の世界）をかいま見ることができ、新たな発見や可能性、そこへの憧れや分かりたいという思いを子どもたちはもつことができるのです。それが子どもとともに育ちあう保育者の姿なのです。

同僚とともに育ちあう保育者とは

保育者と子どもの育ち合いは、保育者を取り巻く多様な他者との関係と連動していました。つまり、子どもとのかかわりにおいて見えてきたこと、あるいは自分自身の子どもとのかかわり自体を、同僚や仲間とともに味わい、他者の見方などを自分なりに取り入れ、自分の保育に活用していくことが、自分自身の子どもとの育ち合う関係を支えていきます。

経験年数に関係なく、お互いの子どもの見方に自分の身を置きながら、お互いの立場を共感的に理解し、それぞれが自分の保育を丁寧に捉え直し再構築していくことが、それぞれの保育者の専門性の向上に繫がっていくのです。さらに、その過程においては、その園の保育や保育という営みに対する保育者としてのスタンスを生成していくことにもなるのです。

そして、このように育ち合っていく保育者たちの姿は、日々の保育のなかでともに生活している子どもたちにも影響を与えていくのです。すなわち、他者や出来事へ自分の身を投入し、その世界を味わいながら、理解を深めていくことの大切さを、子どもたちに自然に伝えることにもなっていくのです。子どもたちは保育者の「学んでいる姿」を通して「学び方」をかいま見ていくのです。

保育者の育ちの根幹にあるのは「共感的知性」

このように、保育の場における保育者の育ちや育ち合いは、自分がかかわっている子どもや同僚の身になることから始まるのです。また、個々の保育者が保育者として成長していくために必要な知との出会いは、目の前のかかわっている子どもや出来事に埋め込まれており、それらに自分の身をゆだねていくことによって発見することができるのです。

その一方で、保育の場には子どもに対しても、保育者に対しても「こういう風にやることになっている」というルールやマナーが沢山存在します。そして、それらが守られているうちは荒波が立たず一見「うまくいっている」ように見えるわけです。しかし、本当に子どもや保育者が自発的に学び、育ち合っているかといえば、自ら学び、育ち合っているかのような錯覚を起こし、あるいは「フリ」をしているに過ぎないことも少なくないでしょう。

保育者として子どもに「どうかかわるべきか」は、その園の保育者たちが目の前の子どもたちにともに目を向け、その世界を共有していくことなくしては問えないはずです。むしろ、保育者として「何をすべきか」は、子どもの世界に自分の身をゆだね、その世界を仲間とともに味わっていくことで見えてくるのです。

保育の場における保育者の育ちは、子ども、同僚、保護者、保育という文化……への「自己投入」によって世界を「知る」「味わう」「分かる」……といったことから始まります。すなわち、保育者の専門性の根幹には「共感的知性」があり、多様な他者（子ども、同僚、保護者、研究者……）に自分の身体が開かれているかが問われるのです。

（1）　岸井慶子「育つ、育ち合う保育者」森上史朗・岸井慶子編『保育者論の探究』二〇〇一年　ミネルヴァ書房　八二―九二頁

（2）　津守真「保育者としての教師」佐伯胖ほか編『教師像の再構築』一九九八年　岩波書店　一四七―一六八頁

（3）　佐伯胖『幼児教育へのいざない――円熟した保育者になるために』二〇〇一年　東京大学出版会

（4）佐伯胖「学び合う保育者――ティーム保育における保育者の成長と学び」『発達』八三号、二〇〇〇年　四一―四七頁

（5）観察期間は二〇〇三年四月から二〇〇四年九月です。観察園は都内の二年保育、四学級の幼稚園です。主な観察対象は、二〇〇三年度から当該園に新卒で勤務することになった新任A先生と、A先生と二年間に渡って学年を組むことになった先輩B先生（保育歴二〇年目のベテラン）です。二人は、一年目は四歳児を担任し、二年目はそれぞれクラスを持ち上がり、五歳児を担任していました。

（6）語り直すにあたっての資料は、当事のフィールドノーツ、撮影したビデオ、保育後の学年会や園内研修での記録、A先生自身の記録、A先生・B先生とのE-Mailや会話メモなどです。なお、罫線で囲った【エピソード】は、当時の筆者（あるいはA先生）が記述したものです。

（7）Clandinin & Connelly は「物語る」ことで読者はその物語に登場する人物の経験を「その人の身になって試してみる」ことができ、そこに「物語による研究」の重要性があると指摘しています（Clandinin, D. J. & Connelly, F. M. 2000. *Narrative Inquiry: Experience and Story in Qualitative Research.* CA: JOSSEY-BASS A Wiley Company.）。

（8）本来ドーナッツ論における「THEY世界」とは、完成体ではなく、ともに参加し、そのよさを味わいながら作り直していくことが可能な文化的実践の世界のことを指すが、ここでの「THEY世界」は、自分がなるべき完成体、あるいは入っていくべき世界として捉えられることになります。

（9）実際には、A先生やB先生だけでなく、筆者も、自分自身のそれまでの観察者としての在り方を問い直すことになっていました。

第5章　「対話」が支える子ども・保護者・保育者の育ち合い
――多様な他者が共に育ち合う多声的な「場」

1　保育の「場」における「子育て支援」とは

育っているのは誰？

幼稚園や保育所は、子どもたちにとってさまざまな他者やモノや出来事との出会いの「場」です。子どもたちはそうした「場」のなかで、そこに存在する多様な他者やモノと日々かかわり合いながら、自分なりのかかわり方を探り、自らのかかわれる世界を広げていきます。

筆者は、これまで子どもたちの持つかかわりの世界に興味を持ち、幼稚園でのフィールドワークを続けてきました。そして、そこで出会ったさまざまな子どもたちのかかわりの姿やそれが変容していく過程を読み解いていくなかで、それらが決して幼稚園や保育所という「場」のなかだけで完結したり、独立して成り立ったりしているものではないことに気づかされました。子どもたちが園で見せる姿やかかわりは、常にその子どもがおかれている家庭や地域での生活とのつながりのなかに存在しているものであり、その家庭や地域のなかで築かれているかかわりの世界を背負ってあらわれているものだったのです。さらに、それらの子どもたちが育つ過程のなかで育っていたのは、決してその子だけではなく、その子にかかわる周囲の他児たちや、保護者や保育者など、さまざまな立場からその実践に携わっている人すべてにそれぞれの変容の姿が見られることも明らかになってきました。

人と人とのかかわりのなかで成り立つ「学び」とそれを生成する「場」に対する関心は、人間の学習や発達を社会・文化的な文脈のなかで捉え、そこで見られる相互作用の過程において明らかにしようとしたヴィゴツキー（L. S. Vygotsky）のＺＰＤへの再評価に代表されるように、近年、ますます高まってきているように見受けられます。しかし、その「場」における「学び」も、これまではどちらかというと、ある主体とそれにかかわる特定の他者やモノとの関係に焦点を当てて分析されることが多かったようです。

一方、保育という多様な他者が存在しかかわり合う実践のなかで、日々起こっている学びや育ちは、二者あるいは三者というような限られた関係を超えた、多様な人やモノとのダイナミックなかかわりのなかで生まれたり、あるいは阻まれたりしているものだと思います。また、そのかかわりは、どちらかがどちらかを育てるというような一方向的なものでもありません。お互いの存在が、それぞれの育ちを支えたり、誰かの学びを生み出すきっかけになったりしている複雑な関係のなかに位置づいているのです。だとすれば、その場に携わるさまざまな人々の育ちや学びの可能性が多様に埋め込まれた「場」とはどのようなものであり、どのように成り立っているものなのでしょうか。

いわゆる「子育て支援」の現状と問題点

核家族化や地域におけるかかわりの減少に伴い、近年では、子どもと子育て家庭を取り巻く環境は急激に変化してきたと言われています。子育て家庭の孤立化や密室化が進んだ結果、母と子が密着しながら子育てに当たらざるを得ない状況が引き起こされ、そのなかで母親が深刻な孤独感やストレスを抱えている現状がさまざまな調査によって報告されています(1)。そのような母親や家庭を取り巻く状況は、子どもたちの生活経験にも大きな影響を及ぼしつつあり、最近では幼稚園に入るまで同年代の子どもと遊んだ経験がほとんどないという子どもも珍しくなくなってきたようです。そうした現況を背景とした「子育て支援」事業の取り組みは、国の政策としても急務の一つとされ、現在急速に広がりを見せています。

保育の現場でも、「一時保育」「延長保育」「預かり保育」「子育て広場」「子育て相談」等々、「子育て支援」を目的として取り組まれている試みは多く、その内容は本当に多岐にわたっています。それらはどれも保護者や地域のニーズを踏まえ、それぞれに工夫されたものではありますが、ともすると、保護者の子育ての「負担」を軽減しようとする発想からの「預かり・時間延長型」や、単発的なイベントや講演等のプログラムによる「イベント型」の支援が多くなりがちな傾向があり、保育者と保護者を「支援する側・される側」「指導する側・される側」という二項対立的な関係に位置づけた一方向的な取り組みとなっているものも少なくないようです。

しかし、たとえば保育の長時間化が、親子をただ「分断」するということで終わってしまう場合、そうした「支援」が、逆に子育ての楽しさや面白さを実感する機会や、親が親として育つ契機を奪ってしまうのではないかとも危惧されています。[(2)]また、園が主催するイベントや講演会等も、単に保護者が「お客さま」として参加するだけとなる場合、それが本当に実感を伴った学びとして保護者の子どもへのまなざしやかかわる姿勢の変容にまでつながっていくのは難しいようです（もちろん、そうしたイベントをきっかけに新しい出会いが生まれ「ママ友達」の輪が広がっていく等の可能性はあり、そうした副次的な効果が期待できないわけではありませんが）。

日常の保育の「場」からの問い直し

その一方で、より日常的な保育の営みにおいては、「子育て支援」というものに注目が集まり始める以前から、保護者が子育てに抱える不安を解消したり、子どもの育ちを実感し、その喜びを共有できるような支援や関係づくりが日々の実践のなかで行われてきました。

そこで、本章では、ある幼稚園において、入園当初、母子分離や他児とのかかわりに難しさを抱えていた子どもが園生活におけるさまざまな経験を通して育っていった過程と、それを支えていた保護者や保育者の変容の過程を、三年間の継続的なフィールドワークを通して得られたエピソード(3)をもとに振り返り、子どもと保護者と保育者とがともに育ち、育ち合う保育の「場」がどのように生成されていったのかをみてみたいと思います。

保護者を「支援する」ことや「育てる」ことを目的として設定された特別な「場」とは異なり、子どもの育ちを願う保育という場の、何気ない日々の実践のなかで、そこにかかわるさまざまな人々（子ども、保護者、保育者）が、そのかかわり合いを通してそれぞれに育っていくプロセスとはどのようなものなのでしょうか。その過程で起きていたことを、周囲の人やモノとのかかわりと併せて丁寧に読み解いていくことで、多様な他者が育ち、育ち合う「場」の構造について考えていきたいと思います。

「知識」と現実の子育てとのギャップ

三年保育の年少クラスに入園してきたリュウ君(4)は、入園当初、母親と離れることを泣いて嫌がり、なかなか保育室へ入ろうとしなかったため、しばらくは母親も一緒に園で過ごすことになりました。元気が良く活動的な遊びを好むリュウ君は、朝のうちは母親の近くで過ごしているものの、少し落ち着いてくると次第にそこから離れ、他児のところへ行って遊び始める様子も見られます。しかし、リュウ君がそこで他児のモノを取ったり、戦いごっこを仕掛けたりして諍いが起こりそうになると、今度は母親がすぐに駆けつけリュウ君を制止してしまう場面がたびたび見られるようになってきました。

リュウ君の担任保育者としては、リュウ君にも他の子どもたちにも、そうした葛藤を通して他者の思いに気づいたり、他者とのかかわり方を考えるなど子どもたちなりに学んで欲しいと考えていた時期でした。そのため、すべてのトラブルを未然に防ごうとして制止してしまう母親の姿が気になり、トラブルを通して子どもが学んでいく経験の大切さを何度も伝えていったそうですが、その行動はなかなか変わりませんでした。

活発で好奇心旺盛なリュウ君は、幼稚園に入る前、家の近所の公園で遊んでいた頃から、積極的に他の子どもたちの遊びにかかわっていく様子が見られたそうです。そこでは他児のモノを取ったり戦いごっこを挑んでいくことも多かったようで、母親にとっては、それが心配やストレスの種ともなっていたとのことでした。

【インタビュー①】　二〇〇五年二月

母　親：落ち着きがなくて。しょっちゅうヒーローものの戦いごっことかするんですけど、よその子はまだそういうのはわからないし。
質問者：それは二歳くらい？
母　親：二歳。一歳八カ月くらいで「変身」とか「ベルト」とか言ってました。
質問者：兄弟がいないのに珍しいですね。早くから。
母　親：そうなの。で、私の方は常に砂場の淵に跨って、いつでも飛び出せる体勢でいたり、誰かの泣き声が聞こえると「あっ，うち」って感じで飛び出していって，「ごめんね。ごめんね。すみません」って常に謝ってました。そういうので，疲れた時期もありました。

質問者：結構トラブルが多かった？

母　親：多かったです。泣いている子がいたら，うちの子が原因みたいな。そんな感じですね。

こうした会話から，子ども同士が遊んでいる場面でも，自分の子どもが他の子どもを泣かせてしまうのではないかという不安を常に感じ，そうした事態になる前に収拾を図ろうとしてきた母親の様子が伝わってきます。

しかしその一方で，リュウ君の母親は幼稚園入園にあたり，二年保育ではなく三年保育を選択した理由として，リュウ君の活発な遊び方から「他の子とかかわる機会を与えてあげたい」と考えていたことを挙げ，そうしたかかわりのなかで「取った取られたとか，ぶったぶたれたとか，そうしたかかわりもして欲しい」と思ったとも語っていました。

数多くの育児書や保育雑誌が出版され，子育てに関する情報が流布している現代では，子どもが他児とかかわり合いながら「やったりやられたり」という葛藤の経験を通して育つということは，「知識」の上では多くの保護者が認めていますし，それを保育の場に期待しているという声も少なくありません。しかし，リュウ君の母親の姿からは，実際に我が子の葛藤現場を前にした際，「知識」として知っている（なおかつ，それを期待もしている）ことと現実の行動との間にはギャップがあり、そこに母親の抱えていた矛盾と苦しさが垣間見えるのです。これは、この時期のリュウ君の母親にとって、どこか権威あるところで生み出された言説が「知識」として理解はされていても、本当の意味で実感を伴う「学び」とはなっていなかったと言えるのではないでしょうか。

2　多様な育ちを読み解く手がかり

かかわりのなかで立ち現れるもの

人間の「学び」や「育ち」というものは、これまでの長い間、何らかの知識や技能の獲得による「個人の能力」の変化として語られてきました。しかし、リュウ君の母親のように、知識として知っているからといって、人は必ずしもそれを実践できるわけではありません。人の行為とは、常にその背景となる状況のなかで、それをしたり、しなかったりしているものであり、単に個人の「持っている力」として説明がつくものではないのです。そのため、ある人の「学び」や「育ち」も、その行為がどのような周囲の人やモノや出来事との関係のなかで立ち現れてきたものなのかを丁寧に読み解いていく必要があります。

こうした関係のなかで生み出される「学び」や「育ち」を明らかにしようとした代表的な分析の視座の一つにレイヴ（J. Lave）とウェンガー（E. Wenger）の提唱した「正統的周辺参加

ます。

論」[5]があります。それは、「学び」や「育ち」を人が何らかの実践共同体への参加の度合いを深めていくことを通して、その共同体の成員としてのアイデンティティを構築していくこと（そこでの十全的な参加を可能とする「かかわり方」を学んでいくこと）としてみることを提案してい

ます。

たとえば、子どもにとっては、保育の場における共同体（そこには公式・非公式を含め大小さまざまな共同体があります）に参加することを通して、自らのアイデンティティを確立していくことが「学び」を構成することになります。同様に、保育者も保護者も保育や子育ての実践をめぐる人々の共同体における参加を通して、十全的な参加を可能とするかかわり方を学んでいると考えられます。そのため、その参加の軌道を読み解いていくことで、それぞれの「学び」や「育ち」が、そこに存在する人やモノとの関係のなかで、どのように相互構成されているのかが見えてくるのではないでしょうか。

「スタンス」の構成過程としての「発達」

ただし、ここでのアイデンティティ形成は、必ずしも、ある共同体における成員性が順々に増していくというような単純な軌道を描くとは限らないことにも注意が必要です。

子どもたちの仲間集団においても、中心的存在となりリーダーシップを取る子どももいれば、リーダーの隣で参謀的な役割を担う子どもや、周辺的な立場でムードメーカーとして活躍して

いる子どももいます。あえて特定のグループに所属せずにいくつかのグループ間を行きつ戻りつしながら、新しい文化（新しい遊びやルール等）を持ち込むことで存在感を発揮している子どももいるでしょう。また、時には、その場にかかわらない「非関与」「無関係」な関係を維持することで、自らのアイデンティティを保とうとしている子どもも見られます。そうした子どもたちの見せるさまざまな参加の在りようは、それぞれの主体が、その時々のその場の状況の中で自らのアイデンティティを構築していくための多様で複雑な志向性を反映しています。その点では、周囲との関係の網の目のなかで構成されてくる「学び」や「育ち」も、決して単に、外的状況に規定されるだけの受動的なものではなく、自ら参加の在りようを探ろうとしている主体の側の志向性を含んで立ち現れているものだと考えられるのではないでしょうか。そのため、そうした多様な参加の在りようを正統な「意味」を持ったものとして読み解いていくためには、大小さまざまに折り重なった多層的な共同体のなかで、そこでの多重的な関係を背負いつつ、自分なりのスタンス（「身構え」）を模索し、構成していっている過程として見ていくことが必要になると思われます。

かかわりを読み解く鍵――「声」

さらに、今回のエピソードを読み解いていくためのもう一つの手がかりとして、バフチン（M. M. Bakhtin）の「声」概念を援用したいと思います。

人と人との間で交わされる社会的な相互作用の在りようを、そこで交わされる「声」[6]に着目して読み解こうとしたバフチンは、「声」と「声」の応答の積み重ねによって構築される「対話」の様相が、そこで見られる「声」が持っている他の「声」との接触能力の有無によって異なってくることに注目しました。バフチンは、他の「声」との接触を許さない言葉を「承認と受容」のみを要求する「権威的な言葉」と名づけました。それは「発話とその意味が固定されており、他の新しい声と出会っても変わることがない[7]」硬化している不活性な言葉とされます。このようなモノローグ的な「対話」の場では、新しい意味の生成は見られず、そこでの関係も揺らぐことのない閉鎖的なものになっていくと思われます。

それに対して、他の「声」との生き生きとした接触を持ち、新しい意味の生成を可能とするような言葉をバフチンは「内的説得力のある言葉」と呼び、それは活性化した「対話」をもたらす「半ば自己の、半ば他者の言葉」であると指摘します。それは、「自立した思考と自立した新しい言葉を呼び起こす[8]」ような異なる他者との対話的関係が持つ創造性を表したものであり、そこには他者性を持った他者とのダイアローグが存在していると考えられます。そうした多様な他者との「対話」に開かれた場は、そこでの関係構造に具体的にどのような活性化をもたらすのでしょうか。

今回は、それぞれの「場」における「声」の権威性や、「声」と「声」との関係、そこからもたらされる「対話」の在りように着目しつつ、その場における多様な他者とのかかわりの在りようを見ていきたいと思います。そして、そうした関係性とそこに参加するそれぞれの人の「スタンス」とがどのように互いを形作っていっているのかを見ていきたいと思います。

3 「対話」が生まれるとき

葛藤を通して現れる「他者」

入園後一カ月ほどは登園時に母親と離れることを泣いて嫌がっていたリュウ君でしたが、母親とともに園で生活を始めてしばらくすると、次第に母親と離れて一日を過ごせるようになってきました。五月半ば頃には、母親が帰ってしまっても、自分で遊びを見つけて気を紛らわすことができるようになり、自分なりに気持ちを立て直すようになってきた様子が伺えました。そうして少しずつ園生活に慣れてきたリュウ君は、持ち前の積極性を発揮し、さまざまな他者に積極的にかかわりかけ、遊びを展開していこうとする姿を見せるようになってきたのですが、その一方で、その頃になるとクラスの子どもたちのなかにリュウ君とのかかわりを避けようとする姿も生まれてきました。

戦いごっこの好きなリュウ君はヒーローなどの役になりきり、相手に戦いを挑んでいくことでかかわりを持とうとするのですが、その際、叩く「ふり」ではなく、実際に叩いてしまうことも多いため、相手の子は本気で痛がったり、戦いを避けようとすることもあります。また、最初は相手もリュウ君とともに「ごっこ」のつもりで一緒に楽しんでいても、途中から本気で嫌がり始めることもあります。しかし、リュウ君の方はその状況に気づかず、そのまま自分の思いで遊び（戦い）を続けようとしてしまうためか、相手役の子どもたちが、リュウ君一人を敵役として位置づけ、一人対数人という構図で戦おうとしたり、遊びが途中で破綻してしまったりする場面も見られるようになってきました。

リュウ君には、他児とともに遊ぼうと自らかかわっていき、そこでの遊びを維持しようとする姿が見られるのですが、自分が敵役に位置づけられてしまう状況に「どうしてバイバイするの？（どうして一人にするの？）」「リュウ君、鬼じゃないよ！」等、何度も繰り返し訴える場面も見られ、リュウ君なりに戸惑いや疑問を感じているようでした。しかし、そうしたやりとりの繰り返しのなか、少しずつリュウ君の姿に変化が見え始めてきたのです。

【エピソード①】生み出された架空の「鬼」　二〇〇四年九月二一日

（マサトたちとかくれんぼを始めたものの、誰が鬼かをめぐってもめてしまい、その後、マサトと二人で保育室の中央に置かれた布マットの上に座っている。）その時、近くにいたトモが「あ、リュウが鬼～、リュウが鬼～」と急に声を掛けてくる。マサトはトモを振り返った後、リュウに向き直り、「違うんだよね～」と言いながら床に座ったままリュウとうなずきあう。

それを近くで聞いていたコウタはマサトとリュウの間にしゃがみこみ、「え、タッチした？」と尋ねに来る。突然の問いに戸惑うリュウたちに、トモが再びリュウを指差しながら「あ、鬼、鬼、鬼」と繰り返す。最初黙っていたマサトが、ちょっと間をおき、「え、鬼どこ?」と今度はトモの後ろの方（トモはリュウを指しているが、その反対の方）を見ながら聞く。するとトモは今度はコウタを「鬼はこいつだ」と指すが、コウタに「違う」と強く否定され、今度はまた「こいつだ」とマサトを指差す。マサトは「鬼じゃないよ」とマットから立ち上がり、そのまま立ち去ろうとするトモに「オレじゃない!」と声を荒げて主張する。

一瞬険悪なムードになるが、その時、突然、リュウが「鬼が来たぞ!」と誰もいない方向を向いて指差し、「逃げろ、鬼が来たぞ!」と走り出す。そして、「鬼が来た!」「鬼が来た!」とマサトに教える。マサトが後をついてきたコウタに向かって構えを見せると、リュウは「そっちじゃない! あっちだ! あっちです!」と誰もいない方を指差してみせる。コウタと対峙して身構えるマサトの服をつかみながら、「あっちにいるんです!」と繰り返し、「逃げろ!」と走り出すが、目の前のコウタと睨み合って動かないマサトに気づくと、また走って戻り、「そっちじゃない、こっちこっち」と腕をつかんでコウタから引き離す。しかし、マサトはリュウを振りほどき、コウタにパンチをしにいき、今度はコウタがマサトを追いかけ、仕返しに数発パンチを繰り返す。

ここでは、それまで一緒に遊んでいたマサト君と途中で声を掛けてきたトモ君たちとの間に生じた緊張を孕んだ戦いの最中に、架空の「鬼」を生み出し、それをアピールすることで、この緊張場面を回避しようとしているリュウ君の姿が見られます。誰もいないところに「鬼」を生み出し、それを攻撃しようと誘うリュウ君の提案は、奇しくもマサト君を助けると同時にトモ君らをも攻撃することのない、双方ともを傷つけないストラテジーになっています。この場面では、マサト君は目の前にいる実在の「敵」に目が行ってしまっていたため、リュウ君の思いとはズレが生じてしまっていますが、その後も険悪なムードになったマサト君とコウタ君の間を、その雰囲気を緩和させるかのようにおどけた感じで「鬼」からの助けを求めたり、逃げるよう誘いかける姿が印象的です。それまで相手の状況や思いに目が向かず、自分のイメージや思いのみで遊び（戦い）を展開していたリュウ君が、その場の状況を読み、その時々の相手の思いや文脈を読み取りつつ、その転換を図ろうと試みている姿が伝わってきます。

幼稚園入園前には同年代の子どもたちとのかかわりのなかで生まれる葛藤が母親によって常に回避・解消されてきたリュウ君は、これまで相手が自分と異なる思いや意思を持つ「他者」であるということに気づく機会すら制限されてきたと考えられます。ところが、幼稚園では、そこに生じるさまざまな葛藤場面を、子どもたちが「他者」に出会い、「他者」に気づくために必要な経験として見守り、保障していこうとする保育者たちの姿勢が反映された「場」がありました。そのなかで、リュウ君は遊びが破綻してしまったり、他児とのズレや葛藤に出会う経験を幾度も繰り返していましたが、そうした経験は、リュウ君にとって、周囲の友だちが自分とは異なる思いやイメージを持つ「他者性」を背負った「他者」として立ち現れてくる契機となったようでした。自分を取り巻く「他者」の「声」に気づいていくことは、多様な「声」の交差する共同体のなかで自分なりのスタンスを探り、自分のかかわれる相手や場を広げていくための基盤になります。リュウ君なりのさまざまなかかわり方の「試し」(スタンスの模索)もそうした他者性への気づきを基盤として生まれてきたと考えられるのではないでしょうか。

子どもの姿が「見えてくる」こと

ここまで見てきたような子どもの「育ち」の過程やそこでの試行錯誤の持っている「意味」というのは、通常、保育の営みの行われる場の外にいることの多い保護者にはなかなか伝わりにくいものだと思います。

特に、幼稚園入園前は常に親子で共に過ごし、どこに行くにも一緒だったという母子密着型で過ごしてきたリュウ君の母親にとっては、自らの関与とかかわりなく「育つ」我が子の姿というのが想像し難いものであったようです。入園した頃、朝の母子分離に難しさを見せていたのは一見リュウ君のように見えていましたが、実は、この頃、母親自身も一人でリュウ君を幼稚園に置いて帰ることに不安を感じていたことが、後に担任保育者と母親との会話を通して見えてきました。リュウ君の母親は、当時、自分が帰った後のリュウ君が幼稚園で過ごしている姿が想像できず、「朝別れたまま、まだ泣き続けているのではないか」と一日何も手につかず過ごす日々が続いていたそうです。自分がいなければ「泣き続けているのではないか」、また「友だちを泣かせているのではないか」という母親の不安は、子どもは母親である自分の関与によって育っている(行動を制御できている)という日頃の育児の「実感」から生じてきたものであると思われます。カプセル化した二者関係のなかでの子育ては、母親に子どもというものは自分のかかわりによって「育つ」ものであるかのような「錯覚」をもたらします。そこでは、子どもは独立した一個の「他者」ではなく、親である自分の思いやかかわり（育児）を反映する「鏡」のような存在として認識されているに過ぎません。しかし、幼稚園に入園し、自分がいないところで、さまざまな葛藤に出会いながらリュウ君がリュウ君なりに試行錯誤を重ねていっている姿は、次第にリュウ君の母親に、リュウ君が自分とは別個の意思や思いを持った「他者」であることへの気づきをもたらしたようでした。

【インタビュー②】 二〇〇五年二月

（お月見団子作りのお手伝いに、各クラスに何人かの保護者の保育ボランティア（「ママさん先生」）が参加した日、リュウ君の母親もその一人として保育に参加していた。その日のお弁当の時間の出来事から…）

母　親：（リュウ君が一緒に）お弁当を食べる、いつも仲のいいグループがいるんだけれども、たまたま私が見ちゃったところでは、「お前あっち行けよ」みたいな、ポンって押されてた場面を見てしまって…。もう、それで親は涙なんですよ。

質問者：そうだよね。

母　親：なんで？　なんでうちの子がこんなことされなきゃいけないの？　って思って。もう、やった子もわかっているから、その子の親に対してまで、あの人んちの子がやったわって怒っちゃってた時がありました。

母　親：それで（リュウが）カバンをこうやって背負って、ズルズルって持って、わざとそのグループから遠くに座ったんですよ。

（中略）

質問者：あー切ないですね。

母　親：すごい辛かったですね。もう、なんでこんなことされてんのって。

質問者：そういうことが園の中にあるっていうのは、思ってもみなかった？

母　親：みなかったです。やる方だと思っていたから。

質問者：やる方だと思ってるのね。

母　親：やられてるとは思わなかった。やられることもあるんだっていうことはわかんなかった。

質問者：それってやっぱり引きずります？　そういうのって、かなり。

母　親：私は引きずってましたね。

質問者：今も？

母　親：今は引きずってないですけれど。なんか大人気ないんだけれど、その子に対しても自分がやさしくなれない。「なにもそこに執着しなくたっていいんじゃない」って。「他にお友達いるじゃない」って（リュウにも言ってしまう）。でも、それって、子どもに対して私の考えを吹き込んじゃっているでしょ？　「ママこういう場面見たんだけど、リュウちゃんどう思った？」「何もそこに行かなくたっていいじゃん。他の子と食べればいいじゃん」って。自分の意見を吹き込んじゃってて、それはいけないなって思いつつも、つい自分の感情を言ってしまう。

質問者：あ、それはおうちでリュウちゃんに言ったんですね？

母　親：言うときがありましたね。

質問者：リュウちゃん、なんか反応しました？

母　親：あーそれでも、彼はいいんだよね。そこに入りたいっていう気持ちがあるみたいで。まあ、そのときは入れなかったんだけれども、その後も…、その後は入ってますね。それは自分で乗り越えたことなのかなって。ま、そういうふうにされる、されたら嫌だって、いう気持ちも味わったし、だから自分もやらないってことも学んで欲しいし。そうですかね。

質問者：でもお母さんの気持ちとして、乗り越えたっていうのは、リュウちゃん自身がそういうふうにまた行って、何とかやっているという確信を得たから？

母　親：うん。そうですね。そこで諦めて他のグループに行ってたら、また違う結果が出てたのかな？　と思うけど、どうしても、それでも彼はそこで食べたい、というか、そのお友達が好きなんだから、じゃあどうやったら入れるか？　っていうのを考えて入ったんだなっていうのがわかりましたね。

（中略）

母　親：だんだん自分も成長って言ったら変だけど、ま、自分の子もやることもあるし、やられることもある、辛さを味わってきた自分が…。（中略）ま、そういうこともあるよねって。そういうのでもまれてねっていう自分も強くなってきたというかな。そのときは、やっぱり初めて見た場面だったので、「なんでうちの子が?」って、涙でしたけどね。

こうしたインタビューから、子どもが他児とともに「やったりやられたり」という経験を通して育つことを期待していると語りながらも、実際に我が子のそうした葛藤の場面を目の当たりにしたり、耳にした際に、保護者が受ける衝撃の大きさが伝わってきます。そうした感情の揺れ動きのなかで、結果として、そのような葛藤場面が生じないよう、子どもに遊ぶ相手を指示したり、園に対して、そうしたやりとりが起こらないよう要望を出す保護者も少なくはないようです。現に、ここでは、リュウ君の母親も大人気ないと思いつつ、リュウ君に対して「他の子どもと食べればいい」という自分の思いを押し付けてしまったと語っています。そんな母親がその頃の感情的な反応を乗り越え、「やったりやられたり」する経験の意味を肯定的に捉えられるようになったきっかけは、自分なりの意思や思いを持って、それを乗り越えていこうとしているリュウ君自身の具体的な姿が「見えてきた」ことでした。リュウ君の担任保育者は、その頃、リュウ君の姿をできるだけ具体的に積極的に母親へ伝えていくよう心掛けていたと言います。そうした保育者の提供してくれるエピソードから、その後のリュウ君のお弁当のときの様子(そのとき断った子達と一緒に食べる日もあれば、自分で別の相手を選んで食べているときもあること)やお弁当以外でその子達とかかわっている様子など、「やったりやられたり」しながらも続いていく子どもたちの関係や、そうした経験を通しての我が子の変容が具体的に「見えてきた」とき、リュウ君の母親はリュウ君を自分とは異なる「他者」として認識していきます。「それでも彼はいいんだよね」「考えて入ったんだなっていうのがわかりました」と、リュウ君の意思や思いを自分と同化させるのではなく、少し「距離を置いて」思い描くことができるようになっていったのです。

子どもの姿との「対話」から生まれるもの

【インタビュー③】 二〇〇五年二月

(リュウ君が変わったと思うかという質問に対して…)

母　親：変わったよね。(中略) この間も、あるお友だちが先生に怒られていたんですって。もうすごくその先生が怒ってて、それを見て、(リュウが) ちょっと遊んだことがあるお友だちだったみたいで、黙って部屋に戻ってきてね、ティッシュでパッと、そのお友だちの涙と鼻水を拭いてあげたんだって。すると、それを見ていた、またもう一人のお友だちが、「お前いいんだよ。余計なことすんなよ。そんなことやんなくていいんだよ」って。そこでまたもめるんだって。(中略)

質問者：想像つきそうですね。

母　親：先生もその子を今、ガーって怒っているんだけど、そっちでももめてるから、また別の先生が「そこ、やめなさい」って止めに入ったみたいなんですけど。でも、その後も

（リュウは）その先生から怒られているお友だちを、ずっと待ってたんだって。終わるまでね。で、それで終わった後、一緒に自転車乗って遊んだらしいんですけれど、その子が、リュウにこうやって（肩を抱くしぐさをして）「お前いいやつだな」って言ったそうなんです。それをおうちに帰ってから、「お前いいやつだな」って言われちゃった、とかって。

質問者：（リュウちゃんが）自分で言ったんだ（笑）。

母　親：その子に言われたって言うことを、私に（笑）。

（中略）

母　親：こういうエピソードも、毎日来てるから先生にお話してもらったり、その怒ってた方の先生からもお話聴けたりするんですよね。（中略）「リュウちゃんの背中見たら、涙が出てきました」なんて言ってくれて。でも、そういうことも、もし、そこに、私がいたら、「いいんだよ。もうやめなさい。あんたが行くとややこしくなるから、こっち来てなさい」って、絶対止めてるんですよ。でも、そういうケンカについては、入園してからも、W先生（副園長）に「お母さん、五秒待ってくれ」ってよく言われてました。「やめなさーい」「何やってんの」って止めに行く前に五秒待ってくれって言われて。それで、「まず（子どもが）どうしてそうしたのかという様子をまず見て欲しい」って言われてましたね。「保育の邪魔だから帰ってください」って言われてるみたいでしたけど（笑）。そんなことがあったね。

質問者：でも、そういう人だったんですね。気になったら、バーって飛んでって「やめなさい」

って言う。
母　親：そうですね。だってもう、相手が泣いてたら、うちの子が原因だと思ってたもん。うちの子が悪いって。でも、そんなこともあったけど、何とかやってるんだよね。いろいろなことやってんだよね。

ここでは、リュウ君の姿や他児とのかかわりのエピソードを通して、リュウ君の母親が我が子の育ちを認識するだけでなく、同時に、自分自身のこれまでの子育ての姿勢を振り返る「省察」の契機が生じています。四、五月当初、リュウ君とともに保育室で過ごしていた際には、「五秒待って」と言われても、それが待てなかった母親が、このエピソードを通して、葛藤のなかでも「なんとかやってる」「いろいろなことをやって」いる子どもたちの姿に気づき、そうした経験を含んだリュウ君と他児とのかかわりが、自分がその場にいたら（これまでのかかわりを行っていたら）保障できなかったであろうことに気づいているのです。そして、四、五月当初の自分が保育者から受けていた忠告を併せて思い起こし、その言葉の持っている「意味」を改めて見出していっている過程が伝わってきます。

入園前から葛藤経験の大切さを「知識」としては認識していた母親でしたが、その「知識」は、あくまで、彼女自身とは離れた世界から、あたかも天から降ってきたかのような「声」（「権威的な言葉」）であり、一般化された「望ましい育児の在り方」として「あるべき像」を迫るモノローグ的な対話関係であったと考えられます。そうした「あるべき像」に縛られた育児のなかでは、その対象となる子どもは、同じく一般化された「期待される子ども像」を体現するべき存在とみなされてしまうことになります。そこでは「あるべき」「ねばならない」モノローグ的な関係が再構成されていくことになり、子どもの姿も、「期待される子ども像」とのズレに焦点化されてしまうため、その姿やかかわりの持つ「意味」に目が向きにくい状況が生まれてくるようです。

それに対して、ここで保育者を通じて語り紡がれていた子どもたちの具体的なエピソードは、リュウ君の母親にとって、他者性を背負った一人の他者としての子どもの世界を描き出してくれるものでした。「あるべき像」や一般化された評価を付与せず、その場で起こっていたことを、ともに楽しみ味わうための「資源」として提供されています。そのため、そこで「見えてくる」子どもたちのさまざまな葛藤やかかわりの姿の一つ一つが、権威性を持たない一つの「声」として、母親にとって自らの子育てについての省察（自分のなかでの内的な「対話」）を呼び起こすものとなっていったと考えられます。

4　「対話」が生まれる「場」とは

「対話」の生まれない「場」

幼稚園に入園して一年が経つと、リュウ君は年中クラスへ進級しましたが、その年の始まりは単に進級に伴うクラス替えがあっただけでなく、家庭の事情により母親が仕事を始めた関係で、通常保育の終わった午後二時から五時半まで「預かり保育[9]（この園では「風の時間」と名付けていました）」に参加し、毎日夕方まで園で過ごすようになったという点で生活全体に大きな変化があった年でした。クラス替えに伴い、担任保育者が変わったり、新入園児も多く入ってきたりとリュウ君を取り巻く人間関係も大きく変化し、そうした環境の変化も背景となってか、年度始めのリュウ君には、年少時代に見せていた活動的な遊びやかかわりの姿とはまた異なる姿が見られるようになっていました。

【エピソード②】園内をウロウロ歩き回るリュウ君　二〇〇五年四月一九日

この日は朝から、保育室にこいのぼり製作用の机が用意されていた。登園し、思い思いに遊び始める子どもたちのなかで数人の子どもたちが机を囲むような形で椅子に座ってハサミで折り紙を切っている。リュウは、その一番端の席に座って一人黙々と紙を切っている。（こいのぼりのウロコを切って貼るという設定がされていたが、特にそれとは関係ないものを切っている様子。）しばらくはほとんど言葉を発することもなく、一人黙々と切る作業に集中していたが、作業の途中から顔を上げ、周囲の様子を見渡したり、近くの他児に目を向ける様子も見られる。しかし、すぐ近くに誰かが来ても声をかけたり近づいていく様子は見られない。

リュウのそばに置いてあったガチャガチャのケースに入った石を近付いてきたケンタが手に取りカタカタ振ると、手を止めてそちらをじっと見るが何も言おうとはしない。それを見ていた担任保育者（A先生）が「それ昨日リュウちゃんが拾った石が入っているんだよ。」とケンタに言うと、周囲にいた他の子どもたちも「どこで拾ったの?」「貸して貸して?」と口々に興味を示すが、リュウは黙ったまま答えようとしない。A先生から、「リュウちゃん、どこで拾ったの?」「貸してあげてもいい?」と聞かれると小さな声で答えている。

その後、リュウは机に出ていた赤いセロファンをA先生に手伝ってもらいながら腕に巻きつける。興味を持った他児が寄ってくるが（A先生が「○○（ヒーロー）なんだって」と他児に伝えたり、真似してセロファンを腕に巻こうとする子も出てくるが）、リュウは赤いセロファンを腕に巻いた後、一人スッと保育室を出て行き、テラスから園庭へ、そしてホールへと時間をかけて園内を一周する。途中、顔見知りの保育者に出会うと、そばへ寄って行きセロファンを巻いた腕を見せることもあるが、それ以外は、ゆっくりウロウロ歩きながら、時折立ち止まり、他児たちが遊んでいる様子を眺める姿が見られる。

リュウ君のクラスでは、年中クラスから入園してくる（二年保育の）新入園児も多かったせいか、この時期、多くの子どもたちはまだ行動範囲も狭く、保育室の室内で過ごしている様子が見られました。保育室内には積み木や廃材等さまざまなモノも準備されていたのですが、この時期はそれらを活用して遊びが展開する様子はほとんど見られず、保育者があらかじめ意図した活動（こいのぼりつくり）のために整えた「場」のなかで、その意図された文脈に沿った遊びを展開している子どもたちが多かったようです。リュウ君もその「場」に参加していましたが、実際はこいのぼりのウロコを作っているのではなかったり、赤いセロファンからヒーローの見立てを始めたりと、当初意図されていた文脈から逸脱しつつ参加している様子も見られます。しかし、この逸脱した文脈を他の子どもたちと共有し、そこからかかわりが広がっていくという過程はこの時点では見受けられませんでした。

【エピソード③】何度も繰り返される「この指とまれ」　二〇〇五年五月二四日

朝、登園してきてから母親と離れるのを渋っていたリュウ。ようやく保育室に入ってロッカーに荷物を置くと、「風の時間」で一緒になることの多いシンと一緒にイスに座って絵本を見ている。そこへ来たナオが一緒に見ようとするが、リュウは「お前はだめだ」と拒絶しようとする。しかし、ナオがシンに同意を求めシンが拒まない様子を見ると、リュウは急に「オレんち行く人この指とまれ、早くしないと切れちゃうよ～～」と人差し指を出して言い始めた。シンとナオはすぐにリュウの指に止まる。リュウは最後の「切～れた」で二人の手を払うが、今度は「○○のカードあげる人この指とまれ、早くしないと～～」と始める。シンとナオはまたリュウが言い終わらないうちにその指を握る。リュウは今度も「切～れた」で二人の手を払うが、今度はシンとナオを指差し、「じゃあ、じゃあ二人でじゃんけん」と言う。（中略）そこへ、隣のクラスのエイジがやってきて、「後出しじゃんけん？」と聞く。リュウはきょとんとしながらも、何となく頷いたためエイジが「後出しじゃんけん！」と大きな声でナオたちを促す。しかしシンは「後出しじゃんけんじゃねえよ」とエイジを押し返そうとする。リュウはそんな三人を見ていて、ちょっと離れて身体を揺らしているが、また「オレんち行く人この指とまれ、早くしないと～～」と始めた。エイジも加えた三人はじゃんけんを途中で止め、慌てて先を争うようにリュウの指に止まる。そしてなんとなく三人がリュウの方を向くと、リュウは持っていた絵本を床に置き、しゃがんでめくり始める。ナオたちもしゃがんでその本を覗き込むと「あ～、ヘラクレス！」など本に載っている昆虫を夢中で眺め始めた。

そうして四人で絵本を取り囲み眺め始めたが、絵本をめくるのはリュウ一人で、他の子がめくろうとすると嫌がり怒る姿が見られる。また、絵本を見ながらもみんなの話題が逸れたり、通りかかった他の子がかかわって来てみんなの注目が逸れたり、或いは誰かが別のところへ行こうとすると、リュウは「この指とまれ」を繰り返しシン達が慌ててリュウの指を握るという場面が何度も見られた。

しばらくすると、リュウは「外に行～こう」とシン達を誘って下駄箱のあるテラスに出て行くが、そこで急に「やっぱりやめた」と言い出し、また「この指とまれ」をしてみせる。しかし、今度はシンたちは応じることなくリュウを残してそのまま園庭の方へ走って行ってしまう。残されたリュウは一人で保育室に戻り、そこに出ていた掃除機のオモチャをとると、それを使って一人で掃除機をかけを始める。通りかかってその様子をじっと見る子どももいるが、誰もリュウに声をかけようとしない。

ここでは、リュウ君がシン君たちに向かって何度も何度も「この指とまれ」を繰り返し、シン君たちをひきつけておこうとする姿がとても印象的です。最初は、リュウ君のその誘いに先を争うようにして応じていたシン君やナオ君でしたが、その先に展開の見られないやりとりの繰り返しに行き詰まりを感じ始めたのか、次第にその熱も冷め、最後にはリュウ君の誘いには

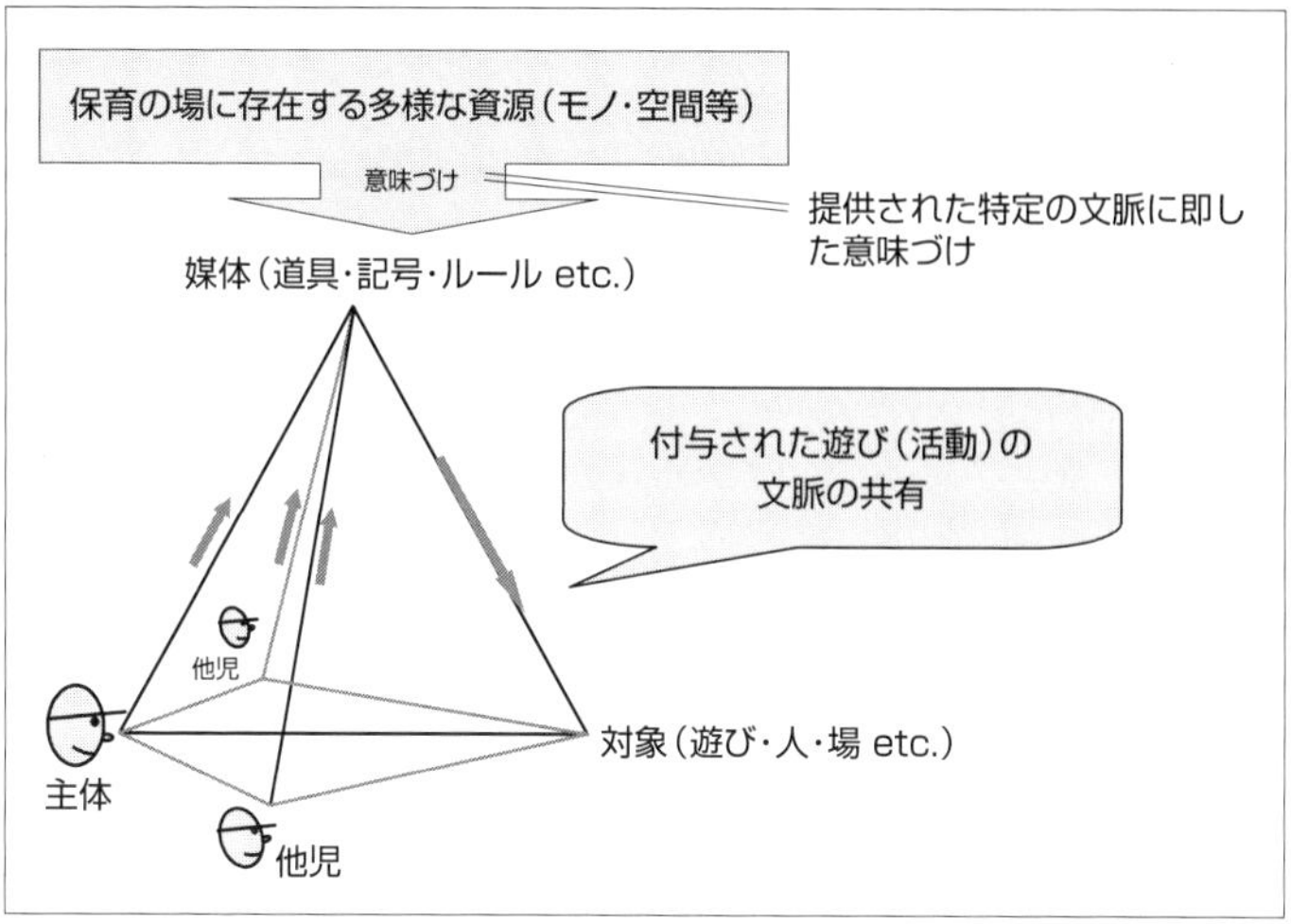

図１　単声的な文脈の共有される「場」

応じず自分達で遊びに行ってしまいました。この頃、まだクラスのなかで自分の居場所やかかわれる遊びが見出せていなかったリユウ君にとって、「この指とまれ」から生まれる一連のやりとりは相手とともにいるための手段の一つとなっていたようです。しかし、それを媒介として生まれる何らかの遊び（活動）よりも、関係の維持そのものが目的とされているため（「一緒にいること」でそれは達成されてしまっています）、シン君達にとっては魅力的な遊びや場の展開にはつながり得なかったようでした。

エピソード②③における「場」の特徴を、子どもたちの活動を媒介する媒体物に着目して考えてみると次の図のような構造が浮かび上がってきます（図１）。

保育の場には、常に子どもたちがさまざ

まな活動を展開するための「資源」として、数多くの物的環境が用意されています。ただし、それが実際に、どのように個々の子どもたちの遊びを組織化したり、他の活動に広がる媒介となるような「活動媒体」として活用されていくかは、その時々の状況とその資源そのものが持つ「利用可能性（それぞれの必然性に基づく遊びの文脈に合わせた読み替えの可能性）」の幅によって大きく異なります。

エピソード②では、保育室のなかの資源としては、こいのぼり製作に使われていたもの以外にも積み木や廃材を始めとして、さまざまなイメージや見立ての下に遊びを展開できる「利用可能性」を持った多様なモノや空間が存在していました。にもかかわらず、子どもたちの活動はあらかじめ保育者が想定した活動のために準備された資源（こいのぼりの本体として使用していたビニールやウロコを作るための折り紙、ハサミやのり、作業用の机や椅子など）を、その想定された文脈の範囲内で意味づける活動（「こいのぼりを作る」）が主流となっていて、その活動のなかで創出される子どもたちの活動（遊び）の文脈もそこに収斂されがちであったように見受けられました。

またエピソード③では、「この指とまれ」は、リュウ君にとって、その合図に応じる行為（差し出した指を摑む）での応答を求めるものになっており、リュウ君にとっては、そうした期待されたあるべきやりとりを生み出すための合図として、他の声との接触能力を持たない「権威的な言葉」として機能していたと捉えることができます。自分の期待するやりとりの成立によって他者との関係を維持し、自分の居場所を確保しようとするのですが、その一方で、他の「声」との接触は起こらないため、新しい「意味」の生成が困難となってしまっている状況が伺えます。

このような単声的な文脈に基づいた「場」のなかでは、それぞれの子どものイメージや発想の交差による遊びの活性化が生まれにくくなる危険性があります。創造性のある「対話」は「異質な他者（声）」との対話が前提であり、「他者」の他者性を意識することなく済んでしまう単層的な場のなかでは、限定された文脈における繰返しによる停滞（マンネリ化）が起こってきたり、その文脈を共有できない子どもが活動や共同体そのものへの「参加」のしづらさを抱えることにもつながりかねません。では、そうした閉鎖的な対話空間から脱し、多様な「他者」の生み出す「声」に開かれた対話的な「場」というのは、どのように生成されてくるものなのでしょうか。

「声」に開かれていくYOU的関係

クラスでは居場所感のなさやかかわりを広げるための手がかりのなさを感じているようにも見受けられていたリュウ君でしたが、この頃、「風の時間」においては、ある特定の子どもたちとの親密なかかわりが見られるようになってきました。

正規の保育時間に比べ、少人数で放課後的な雰囲気のゆったりとした時間のなかで安定した関係を築ける「風の時間」特有のかかわりのなかで、遅い時間まで一緒に残っていることが多くなった一歳年下のシュン君がリュウ君の後をついて歩き、同じ遊びをしたがるようになっていました。リュウ君も行動のおっとりしているシュン君を足を止めて待っていたり、遊び方がわかるように言葉を添えたりと、シュン君に対する細やかな心遣いを見せるようになり、お互いに「ともにいる」ことを志向する関係が生まれてきました。その関係は、決して、常に二人きりで行動をともにするというものではありませんでしたが、お互いにそれぞれ、そのとき興味のあることに向かって遊びながらも、どちらかが近寄っていくと相手を受け入れてともに遊んだり、夕方遅い時間になって、園に残っている子どもが少なくなると二人でネット遊具や空いているコーナーなど人気の少ない場を共有して遊んでいる様子がしばしば見られるようになっていきました。

また、それ以外にもリュウ君にとっては、年少クラス時代に同じクラスだったユウキ君、エイジ君、シン君とともに「風の時間」を過ごすことが多くなり、この時期には四人で遊んでいる姿がたびたび目撃されました。

【エピソード④】リュウ君を追うシュン君、シュン君を待つリュウ君　二〇〇五年五月三一日

「風の時間」になり、Y幼保園へ移動するとすぐに、ユウキ・エイジ・シンたちと一緒にネット遊具で遊び始める。ネット遊具の上での転がり方や飛び降り方を工夫して、何度も違った飛び方でチャレンジし、それをお互いに真似したり、競い合ったりして楽しんでいる。また、エイジ

とリュウは、ネットのある三階部分から二階の保育室へ狭い階段通路を伝って降りてきて、そこにいた年少クラスの一人の男の子と保育者に向かって「バアー!!」と叫んで驚かせてみせる。すると、たまたま、近くでそれを見ていた年少クラスのシュンがリュウ達の真似をして「バー!!」と叫び、それを何度も何度も繰り返す姿が見られた。
　その後、リュウは自分達の後をついてきたシュンを見て、外の園庭に遊びに出ようとしていたユウキ達に向かい、「待って、シュンは小さいから。」とシュンに合わせて移動するよう伝えている。しかし、シュンが靴を取りに行ったり、あちこち寄り道しているうちに、結局リュウはユウキたちと先に園庭に出て遊び始めてしまう。しかし、シュンが出てくると、「シュン、こっち!」と手を振り呼びかけたり、シュンが追いつくと自ら手を引いて、自分達の基地にしている場所に迎え入れている。園庭では、アスレチックのような回廊を使って、自分達の基地を見立てたり、架空の敵やシュン以外の年少児を敵に見立てて基地を守るイメージで戦いのふりを繰り広げている。

　午後から夕方にかけた「預かり保育」特有のゆったりとした時間の流れのなかで、周囲の人数も少なく、自分達の場や関係を脅かされることの少ない環境が四人の関係をより安定させているようにも伺えました。そのせいか、一時的に距離が離れても、それぞれが互いに「一緒にいる」という感覚を持って安心して遊んでいる様子が伝わってきます。ここでは、リュウ君も、「この指とまれ」のように相手を自分のところへとどめておこうとするストラテジーを使うこともなく、四人で共有している「場」や文脈のなかで、自分なりのイメージややりたいことを表出できているように見受けられました。

先のエピソード②③でも、それぞれの子どもが自分なりに意味づけたりイメージを持つことのできる物的な資源そのものはその「場」のなかに存在していましたが、それが多様な参加を可能とする「活動媒体」としてそれぞれのイメージや意味づけのもとに活用されている様子は見られませんでした。そのため、そこで展開される活動（遊び）の文脈は単声的であり、その文脈からの逸脱（エピソード②でみられたリュウ君の姿など）も、そこに参加する子どもからは反応もなく流されてしまい、新しい展開を生む契機にはなり得ていません。また、そうしたモノローグ的な「場」のなかでは、自分なりの読み替えたイメージの表出（新たな読み替えを表現する「声」）も消極的なものとなってしまっていました。

佐伯胖は、人が世界とかかわりを作り出すときには、まずはその人の自己（I）に共感的にかかわる他者（YOU的他者）とのかかわりが必要で、そのかかわりの世界を経て、より広い社会的な世界（THEY世界）とかかわりを広げていくとして、その過程を図式化していますが（詳しくは第1章参照）、これに即してエピソード②③に見られたリュウ君とリュウ君の周辺のかかわりを振り返って見ると、リュウ君自身の居場所感のなさやかかわりにくさを共有してくれたり、そこからともにTHEY的な場（三人称的な世界）へのかかわりを探ってくれるような共感的な他者（YOU的な他者）は、ここではまだ存在していなかったように見受けられます。[10]

一方で、エピソード④では、「風の時間」という特定の少人数の仲間とのかかわりと、ゆるやかでややインフォーマルな時間の流れのなかで、リュウ君にとって自分の行為を受け、それを真似てくれたり、そのイメージの文脈に乗ってくれる親密な他者（年少児のシュン君、或いは年少時代同じクラスだったユウキ君たち）とのかかわりが生まれてきました。その関係は、彼にとって、ＴＨＥＹ世界における自らのアイデンティティを補償してくれる「隙間的な共同体」[11]となっていたと考えられます。そうした親密なコミュニティのなかで、自らのイメージや見立てを受け止めてくれる他者がいる安心感に支えられ、それぞれの自分なりのイメージの発信が起こってきたり、そうした個々のイメージが仲間の共同的な活動のためのリソースとして賞味され、活用されるような「対話」的な関係が芽生えてきたのではないでしょうか。佐藤公治は「対話」には、基本的な信頼や、対話することで何かが生まれてくることに期待を寄せられるような関係が必要であるとしていますが[12]、「隙間的な共同体」における、より親密な距離感で互いに関心を寄せ合えるＹＯＵ的な関係が、それぞれの「声」を支え、「対話」を生み出す「場」となっていたものと思われます。

さまざまな「声」の交差から生まれる世界

【エピソード⑤】それぞれに楽しむことは違っていても広がっていく水路づくり　二〇〇五年六月一四日

Ｙ幼保園の園庭の隅にある斜面（芝が敷いてなく土の地面が出ているところ）に、「光の時間」に子どもたちが水路づくりをした跡があり、水路が残っている。

そこへ、「風の時間」でK幼稚園から移動してきた子どもたちが竹や桶、ジョウロなどを使って斜面の上から水を流して楽しんでいる。多くの子どもが上から水を流すことに夢中になっており、特にユウキは竹筒で水をくみ上げ、斜面の水路に流し込むという行為を何度も楽しみ、次第に何本もの竹筒をつなげて水を流すことを試み始める。周囲の子どもたちもその様子を見て、竹筒を持って自分で水を流したり、ユウキの水路づくりを手伝ったりする姿が見られる。保育者が近くのアスレチックの二階部分とつながるように立て掛けにいった長い竹筒も倒れた途端に子どもたちが目敏く見つけ、あっという間に自分たちで斜面の方へ運び水路へつなげてしまう。そうして水路づくりを楽しんでいる子どもたちがいる一方で、水道から桶に水をくんできて水を運び、一時に水を下に勢いよく落とすことを楽しみ、何往復も繰返している子どももいれば、斜面の上にできた水溜りを裸足で歩き回り水の感触を楽しんでいる子どももいる。

そんななかリュウは、上から流れてきて下に溜まった水を桶に汲み、階段を使って斜面を登っては、上から下へ水を流し、また水を汲みに下に降りていくことを繰返している。その様子を見て、最初は遠くの水道へ水を汲みに行っていた子どもたちがリュウの真似をして斜面の下に溜まった水を汲みにいくようになる。しばらくそれを繰返すと、今度はリュウは桶を捨て、ドロドロの斜面を下から山登りのようによじ登り始めた。水路を踏んで登ったり、その端の斜面を登ったり、斜面の瘤の具合を確かめ登り方を工夫しながら、何度も登ったり降りたりを繰返している。

そこへY幼保園のツバサとアヤが水路の様子を見に来た。ツバサは水路作りに参加するのは初めての様子で、最初は恐る恐る水溜りに足を踏み入れていたが、積極的なアヤに誘われて下に降り、下から斜面を登り始めた。しかし、濡れた斜面はツルツル滑るため何度もずり落ちてしまい、なかなか登れない。すると、リュウが横から「こっち（側から）の方が登りやすい」と教えてあげたり、見本を見せるようにして登りやすい側から登って見せる。リュウに倣ってアヤとツバサもなんとか登ってくるが、最後の坂の上のところで登りきれずに手をついて動けなくなってしまうと、まず近くにいたアヤにリュウが手を貸して、上から引っ張りあげ、次にその下にいたツバサにも手を差し出して上から引っ張りあげる。リュウの手をしっかり握って、なんとか登りきれたツバサは、リュウに向かって「ありがとう。友達になろう」と声をかけた。

ここでは、子どもたちがそこにある環境をそれぞれに活用しながら、自分なりの楽しみ方で楽しんでいる様子が伝わってきます。それぞれにそこで楽しんでいること、探究していることは異なっていますし、保育者が提供した資源も保育者の想定した使い方とは異なる方法で、それぞれの子どもの活動の文脈に即した活動媒体として読み替えられ、活用されています。ここには、子どもがそれぞれに自分なりの意味づけやイメージを持つことが出来る物的・空間的な資源が存在しているだけでなく、その「場」に対する意味づけやイメージに多少のズレがあったとしても、それがズレとして可視化されるのではなく、互いの遊びを広げ活性化するリソースの一つとして賞味され、活用されていくようなゆるやかな遊びの文脈が存在し、そこに参加する子どもたちの中で相互構成されていたと考えられます（図2）。

独自のイメージで、その「場」の持つ資源の中に自分なりの面白さ（面白がり方）を見つけ、

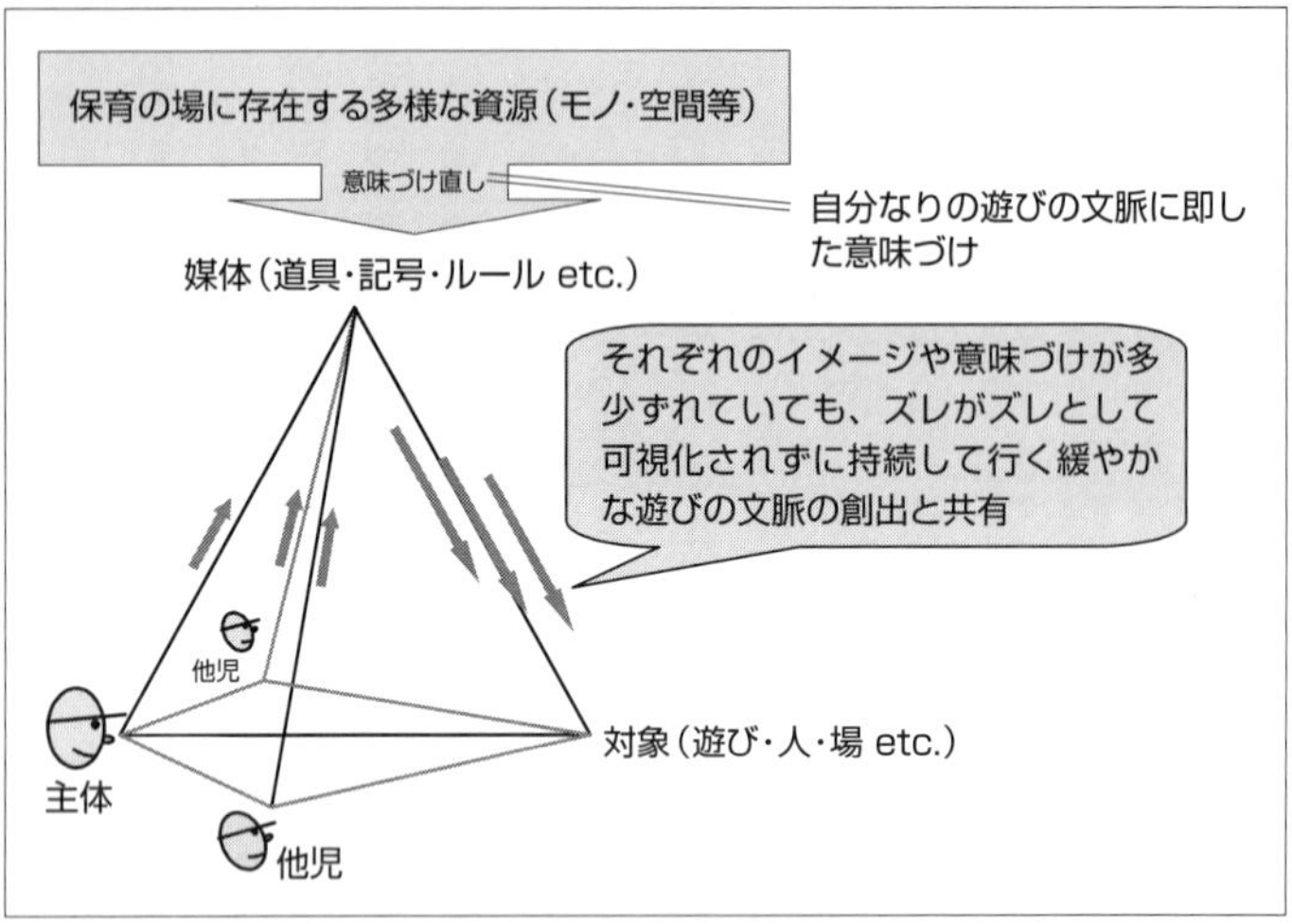

図２　多様な「声」に開かれた多声的な文脈の共有される「場」

黙々とそれに挑戦しているリュウ君の姿は、ここでは他児にとって独自の遊びの面白さを提供していくという彼の新しいスタンスとして構成されています。また、それは、ユウキ君という隙間的な共同体におけるかかわりを持つＹＯＵ的な他者の存在が、「ともに」ＴＨＥＹ世界へ向かい（面白がる対象、すなわち資源の読み替え方はリュウ君とユウキ君それぞれに違っていますが）、お互いのスタンスを構成していく途上の「同伴者」のような役割を果たしていたと考えられます。自らのアイデンティティを保持できるコミュニティに支えられ、そこから生まれた「対話」することへの期待や志向性が、より広いコミュニティでの自分なりのイメージの開拓や発信へつながっていったのではないでしょうか。結果として、そこで生成される活動は、それぞれのイメージがそこにいるお互いの活動へ刺激を与え、それがまた新しい活動の広がりへとつながっており、そこに生じる想定外のさまざまな「声」をも自らの活動に取り込んでいけるような、多様な「声」に開かれた「場」となっていった過程が確認できます。

このような多声的な「場」の中では、そこでの活動（遊び）や仲間集団にかかわっていくための多様なかかわり方が許容されており、それぞれの子どもの独自の「スタンス」の構成が可能となります。参加の仕方が限定される単声的な「場」とは異なり、多様な他者の異なる文脈が入り乱れつつ、それが、それぞれの子どもにとって自分の遊びやかかわりを広げていく資源として活用される多声的な「場」とは、多様な「スタンス」の在りようが、それぞれに価値のあるものとして認められ、有難がられる「場」だと考えられます。

5　文化的実践へいざなう共感的まなざし

THEY世界へのアクセスが見つからないとき

年中クラスに進級したリュウ君のクラスにおいて、当初はなかなか「対話」的関係が生まれにくかった状況をエピソード②③で見てきましたが、実は、その頃、それを支える担任保育者自身も単声的な対話空間に取り込まれていたことが次第に見えてきました。

当時リュウ君の担任となったA先生は、その年の春に新しく他園から転任してきた新任保育者（前任園での保育経験は三年）でした。

A先生がそれまで勤めていた園は、一斉活動が多く、保育者があらかじめ設定した活動を子どもたちに「やらせる」形で保育が行われることが多い園だったそうです。そうした保育に疑問を感じていたA先生は、一日の大半を子どもたちがおのおのに好きな遊びに取り組み、そこでそれぞれの活動やかかわりを広げていく過程を援助していくK幼稚園の保育に大きな期待を抱いて転任してきました。しかし、いざその保育を実践する立場に立ったときには、各自好きな遊びを展開している一人一人の子どもにどのようにかかわってよいのかがわからず、日に日に戸惑いと悩みが深くなっていったようでした。

しかし、この転任当初の四、五月頃のA先生にとっては、一人ひとりの子どもに対するかかわり方の探究としての悩みと同時に、もう一つの別の悩みが表裏一体となって存在していたように思われます。それは、K幼稚園で求められる（と思われる）保育と、それに対して、その保育が「わからない」（どうすればいいかわからない）自分との間の葛藤だったのではないでしょうか。この頃のA先生にとっては、K幼稚園の保育というものが、何かしら望ましい「あるべき像」であるかのように捉えられ、見習うべき対象世界として存在していたように考えられます。こうして、新しい職場のコミュニティはこの頃のA先生にとって、「既存の価値の伝達」がなされる単声的な「場」（THEY化を迫る「場」）として捉えられることとなり、「対話」が生まれ得ないモノローグ的な関係に陥っていたのです。

そうしたモノローグ的関係に支配された「場」では、表面的な形としての模倣はできたとしても、自己内対話を生み出すための手がかりとなる多様な「声」との接触が起こり得ないため、そこで行われている本来の実践（個々の子どもの行為の「意味」や援助の在りようを探る営み）へ参加するための手がかりのなさ（THEY世界へのアクセスのなさ）に苦しめられ、自分なりのスタンスの構成が難しくなっていたと考えられます。

「THEY化」を迫る呪縛からの解放

このような苦しさを感じていたA先生がその呪縛から少しずつ解き放たれ始めたのは、その悩みと苦しさを共感とともに分かち合える関係が同僚のなかに生成されてきたことがきっかけでした。

新入園の子どもたちも園に慣れ、それぞれに遊びを展開し始めると、それに対して自分がどうかかわればいいかという悩みも日に日に切実なものとなっていました。しかし、ちょうどその頃、ある出来事がきっかけで、主任保育者と担任を持たないフリーの保育者の一人にその思いを打ち明けることができたと言います。それは、A先生のクラスの保護者からのある小さなクレームがもとで、主任保育者とそのフリーの先生が夜遅くまで残って一緒に探し物をしてくれたことがきっかけでした。小さな出来事に対しても、それを「ともに」担ってくれる存在は、それまで各クラスの保育について担任が一人ですべての責任を担わなくてはならなかった前任園から来たA先生にとっては大きな驚きでした。そして、ものごとを「ともに」受け止め、「ともに」見てもらえる関係がそこに存在していることにも気づいたとき、初めてA先生は自分の感じている「わからなさ」やその苦しさを打ち明けられたと言います。

さらに、その「わからなさ」を「ともに」受け止め、「ともに」考えようとしてくれる主任やフリーの保育者の姿から、次第に、その園の実践そのものに既存の「あるべき援助法」などが存在せず、それぞれの保育者がその都度悩み、互いに考えながら探っていく対話のプロセスそのものが、その園の実践であり、向かうべきTHEY世界であることがA先生にも垣間見えるようになってきました。

「わからないこと」を共に問うまなざし

また、この頃、もうひとつA先生のスタンスの変容につながっていった背景にあったものとして、リュウ君を中心としたフィールドワークの記録を基に、子どもの姿を丁寧に振り返り、その「意味」を複数の他者とともに考えようとする園内の協同的な営みに参加する機会があったことも挙げられると思われます。(13)

特に、ビデオに映し出される映像を通して、クラスでのリュウ君の姿だけでなく、「風の時間」におけるリュウ君の姿をつぶさに見ることができたことにより、自分がそれまで知っていたリュウ君の姿との違いに気づき、その意味について自分なりに考えようとする姿勢がA先生に見られ始めました。ビデオというツールによって映し出された具体的な子どもの姿は、漠然とした一般論での保育ではなく、自分のかかわっていく先にある子どもの世界に対する自分なりの読み取りや次の手立てを考えていくための資源として活用されていたようです。

また、その際、特に誰かが指導的立場に立って、一つの解釈や援助法を伝授するというような教授伝達型の関係ではなく、そこに参加した全員が、あくまでも、「リュウ君のことをわかりたい」というスタンスでその場に参加し、リュウ君へのまなざしを向けながら、その自らの探究をより深めていくために互いの読み取りや考えを出し合っていくという姿勢でカンファレンスが進められたことも、A先生が自分なりの解釈や考えを提起したり、それを自分なりに吟味しようとする姿勢につながっていったものと考えられます。それは、どこかに存在する（とされている）「正解」としての解釈や援助法を獲得することを求める（THEY化を迫る）単声的な関係ではなく、それぞれの解釈や考えが決して否定されたり批判されたりすることなく、「わからない」ことをともに探究するための「声」の一つとして尊重され、賞味されていく関係であり、そうした関係を基盤に創造的な「対話」を生み出す多声的な「場」が生まれていきます。そうした場の生成の背後には「わからない」ことをともに引き受け、ともに探っていこうとする「同伴者」としてのYOU的他者とのかかわりがあり、同じ「わからなさ」（でも惹きつけられる子どもの世界の面白さ）へ向けられた共感的なまなざしがTHEY世界への探究へといざなっていたと考えられるのではないでしょうか。そして、それらのまなざしに支えられ、A先生は次第に園内の誰よりも、生き生きと楽しそうに、また時には真剣に、子どもたちの遊びやかかわりの姿を語るようになっていったのです。

6　共感的まなざしのもとに広がっていく「対話」

子どもの姿をともに「見る」関係の広がり

こうした子どもの姿やかかわりの持つ「意味」を探究していく保育者集団のコミュニティは、保護者にとっても、子どもの姿を捉え、その「意味」を読み解こうとする実践へ誘い、その探究を支える土台になると考えられます。

【インタビュー④】　　二〇〇六年一月

母　親：(リュウ君が「風の時間」にサッカーをしていたグループになかなか仲間に入れなかったエピソードを紹介し)、そういうところとかも、結構先生たちが見ててくれて、ちょっと(子どもたちに)声をかけてくれて入れたりとか、すごい助かるところがあって…。毎日エピソードがあって楽しいんですけど(笑)。
質問者：でも、リュウちゃんの姿を(お母さんが)ちゃんとよく知ってますよね。
母　親：いやぁ、でも先生が教えて下さるからだと思います。

質問者：でも、そんなに話す機会いっぱいある？
母　親：朝幼稚園に送ってきたときは、もちろんＡ先生（担任保育者）と「昨日こんなことがあって…」とか、「うちでもこんなこと言ってましたぁ」ってダァ～って話して、あと、帰りも「風の時間」にお迎えに行くと、もう必ず先生が、誰かしら、「今日リュウちゃんこうでしたよぉ」っていうことを話しくれて。昨日なんかも…（ここからまた前日のエピソードを紹介）

リュウ君が年中になり、預かり保育に参加するようになっても、リュウ君の母親は自分の見ていない保育中のリュウ君の姿を、あたかもその場にいたかのように生き生きとした臨場感をもって語っていました。インタビュー④からは、そうしたリュウ君の姿が担任保育者だけでなく、園内のさまざまな立場の保育者から伝えられている様子が伺えます。

こうして、子どもの姿がさまざまな保育者の視点と語り口によって、具体的なエピソードを通して伝えられる日々の積み重ねは、母親にとって、そこで見られる子どもの行為やかかわりについて自分なりに読み解き、対話をしていく上で、その自己の内に起きる対話に反映される「声」が増えていっていることを伺わせます。提供される「資源」の広がりは、自分なりの多様な意味づけを可能とし、より創造的な対話を生んでいくことにつながっていくのではないでしょうか。

子どもの姿やそこで生まれるさまざまなかかわりの世界を面白がり、味わいながら、他者や自分自身との対話の資源として生かしていく母親のスタンスは、同じようにその世界を面白がり、ともに味わおうとする保育者のスタンスに支えられて生じているものだと考えられます。そして、その保育者のスタンスは、同様に、それを支える保育者集団の共同体のなかで相互生成されてきたものでした。

評価的な枠組み（リュウ君に対する何らかの発達の指標と比較した評価や相手の保育（子育て）に対する評価）ではなく、本当にリュウ君の姿やそこで生まれるさまざまなかかわりをより味わうために、ともに見ようとする共感的なまなざしは、その場に参加する他者にとっても、それをともに見て探究していく実践へいざなうＹＯＵ的かかわり（同伴者）となっていきます。そうしたＹＯＵ世界の波及によって、子どもの育ちを楽しみつつ味わい合う関係や、それを探究していく（子どもの姿や行為に「意味」を見出していく）関係のさらなる広がりが起こってくると考えられます。

対話的関係のなかで生み出されるスタンス

子どもの姿を社会的評価の枠組みを付与することを避け、その姿の意味を「ともに」見ようとする他者に支えられた探究は、さらに、母親自身の子どもを見るまなざしにゆとりを生んでいきます。そのゆとりは、子どもの出会う葛藤の「意味」を見出すことにもつながっていたようです。

【インタビュー⑤】　二〇〇六年一月

母　親：（遊び仲間が決まってきたかという問に答えて…）そうですねぇ。大体、友だちの名前は出てきてますが、基地を作る時は基地をやったり、コマをやる時はコマをやったりとか…。一匹狼じゃないけど、べったり一緒にいるっていう子はいないのかな～っていう感じがしてて。なんか年少さんと遊んでたりとか、キク組（年長）さんのところへ行ったりとか、すごくいろいろな名前が出てくるようになって、もう追いつかないくらいですよね。こっちの方が「それだ～れ？　え？　それだ～れ？」とか言って。

（中略）

質問者：いつも一緒にいるっていう子がいるというよりも、そうしていろんな子の名前が出てくるっていうことは、お母さんはどのように感じてます？

母　親：あっ、それってすごいですよね。私がいろんなお母さんと話すかって言ったら、それはすごく難しいじゃないですかぁ。でも、彼は違うんだよね。コマやってたらコマやってる仲間と遊べちゃうし、折り紙だったら折り紙のところに行けちゃうし、本が見たかったら本のところに行けちゃうしって、それってすごいなぁ～って思うんですよね。でも、たまには入れないときもあるみたいで…（となかなか仲間入りできなかったエピソードを紹介）

ともすると、いつも一緒に遊ぶ特定の他児がいないことを不安がったり、仲間入りできない場面に複雑な思いを持ちがちな保護者が、ここでは、そうした姿を肯定的に受け止めている様子が伺えます。リュウ君の母親自身、年少の時には、リュウ君がクラスの他児に仲間入りを拒否された場面を目撃しただけで衝撃を受け、リュウ君にその他児と遊ばないよう働きかけていたことを考えると、仲間入りできなかった場面のエピソードをリュウ君が幼稚園で経験している一場面として紹介し、そこから仲間入りしていくまでの経緯や、その後それを見守り援助してくれた保育者のかかわりを語っていく様子（インタビュー④）からも、一年前に比べ、母親の子育てに対するスタンス（「身構え」）が変わってきていることがわかります。それが結果として、母親自身がリュウ君の葛藤経験を受け入れられる幅（「耐えられる葛藤の範囲」）の広がりにもつながっていったのではないでしょうか。

さらに、次のような発言からは、こうした日々の保育者とのかかわりを通して、リュウ君の母親が、日常的に自分自身のリュウ君へのかかわり（子育て）を省察したり、過去の自分のかかわりを振り返って現在の自分の変容を自覚化していっている様子が伝わってきます。

【インタビュー⑥】 二〇〇六年一月

母　親：（「風の時間」に仲良しの年長児ヒロ君とケンカになった際、ヒロ君がリュウ君に謝って帰った後のエピソードから）ヒロちゃんのとこも下の子が一緒にいたからヒロちゃんのお母さんも「じゃあ、今日はごめんね」っていう感じでおうちに帰って、そこで別れたんですけど、そこからが、もう大変で「オレは悪くねえ。ヒロがやったから、もういい。ヒロとは遊ばねえ」となっちゃって。そうしたら、S先生が「リュウちゃん、本当はわかってるよな。先生わかってるからさ。仲直りしたら教えてくれな」っていう風に言ってくれたんです。もう私だったら「何言ってんの！　あんただってやったんだから、ごめんなさいでしょう！」とかってなるんだけど、ちょっと先生にそこでお任せしたら、S先生はそういう風に「わかってるからさ。仲直りしたら教えてくれよ」って。でもリュウは「やだ！　教えない！」って言ってたんですけど。そういう時、もう、ここで何言ってもだめなんだよね。そうなっちゃってる時って。でも、たとえば次の日、朝起きた時に「あの時どうだったの？」って、また蒸し返すのもどうなのか、その場で解決するのがいいのか、どうなんでしょう、先生。

質問者：わかりません。そんな難しいことわかりません（笑）。

母　親：どうなんだろう？　って思って、（中略）

（中略）

母　親：（次の日に「風の時間」へ行く際、リュウ君が最初は足が進まず、なかなか遊びに加わろうとしなかった様子を紹介し）で、もう、前の私だったらここで絶対リュウのところへ行ってるんですよ。「大丈夫？」って言って。でも、ここは心を鬼にして。ここで行ったら絶対引いちゃうな、と思って。もう、先生お任せでいたんですけど。（後略）

ここではリュウ君の母親が、「風の時間」の学生ボランティア（「S先生」）とリュウ君のやりとりから、自分のリュウ君への普段のかかわりを少し引いた立場で客観的に振り返って比較している様子や、現在の自分のリュウ君へのかかわりが過去の自分と変化していることを自分なりに捉えている様子が見受けられます。しかも、ただ保育者に任せて留まった自分を肯定的に評価して終わるのではなく、自分なりにその意味を探ったり、自らのかかわり方の意味を考える姿が出てきているのです。

そうした母親の姿からは、多様な「資源」と多様な他者の行為から、そこに存在する多くの「声」を擦り合わせ、その対話的関係のなかで、子どもの行為やかかわりの意味を探り、自分なりの意味づけを行っている様子が伝わってきます。そうしたさまざまな「声」に開かれた多声的な「場」が、保護者や保育者が、それぞれの立場から自己内対話の厚みを増すことにつながり、子どもの育ちや自分の育ちへの気づきや、子育てや保育の面白さを実感しつつ新たな探究へ向かおうとする新しいスタンスを生み出していくのだと思います。

7　子ども・保護者・保育者の育ち合いを支える「場」

THEY世界への「同伴者」としての共感的他者

改めてリュウ君とリュウ君の母親と担任保育者の変容の過程を振り返ると、そこには三者三様の育ちの過程が見えてきますが、そこに共通して浮かび上がってきたのは、彼らを取り巻く社会・文化的実践の場であるTHEY世界において、彼らがより自分らしく参加できるスタンスを探り構築していく過程を支えている共感的他者（YOU的他者）の存在でした。

それは、決して「同じ考え・同じ価値基準を持つ他者」ではありません。そのような他者性を意識せずに済んでしまう他者との間に生成される「対話」は単声的なものとなり、閉鎖的な「場」を生み出しかねません。そうした「場」においては、多様な「参加」の在りようが受容されたり、それぞれの「参加」の在りようを変容させ得るような「学び」は起こりにくくなると考えられます。その「場」で生まれるかかわりが、ダイアローグとしての「対話」となり、新しい視点や活動の生成につながっていくためには、自分とは異なる他者性を担った「他者」とのかかわりが必要とされるのではないでしょうか。

また、何らかの既存の枠組みから「あるべき像」の内化（THEY化）を迫る権威性の高い「声」も対話を妨げると思われます。より親密な関係や共同体（隙間的共同体）における関係の中で、「ともに」その世界を見て、「ともに」参加していく「同伴者」としての「共感的他者」とのかかわりこそが、それぞれの「声」の表出を支えると同時に、より広い共同体における多様な「声」と「声」とが接触する活性化した「対話」に対する積極的なスタンスを生み出すのではないでしょうか。そこで生まれる「対話」の広がりが、それぞれの主体の参加を広げ、深めていくことにつながるものと思われます。

多声的な対話空間を生成する「資源」

また、多声的な対話空間の生成には、その対話を媒介する「資源」となるものの「利用可能

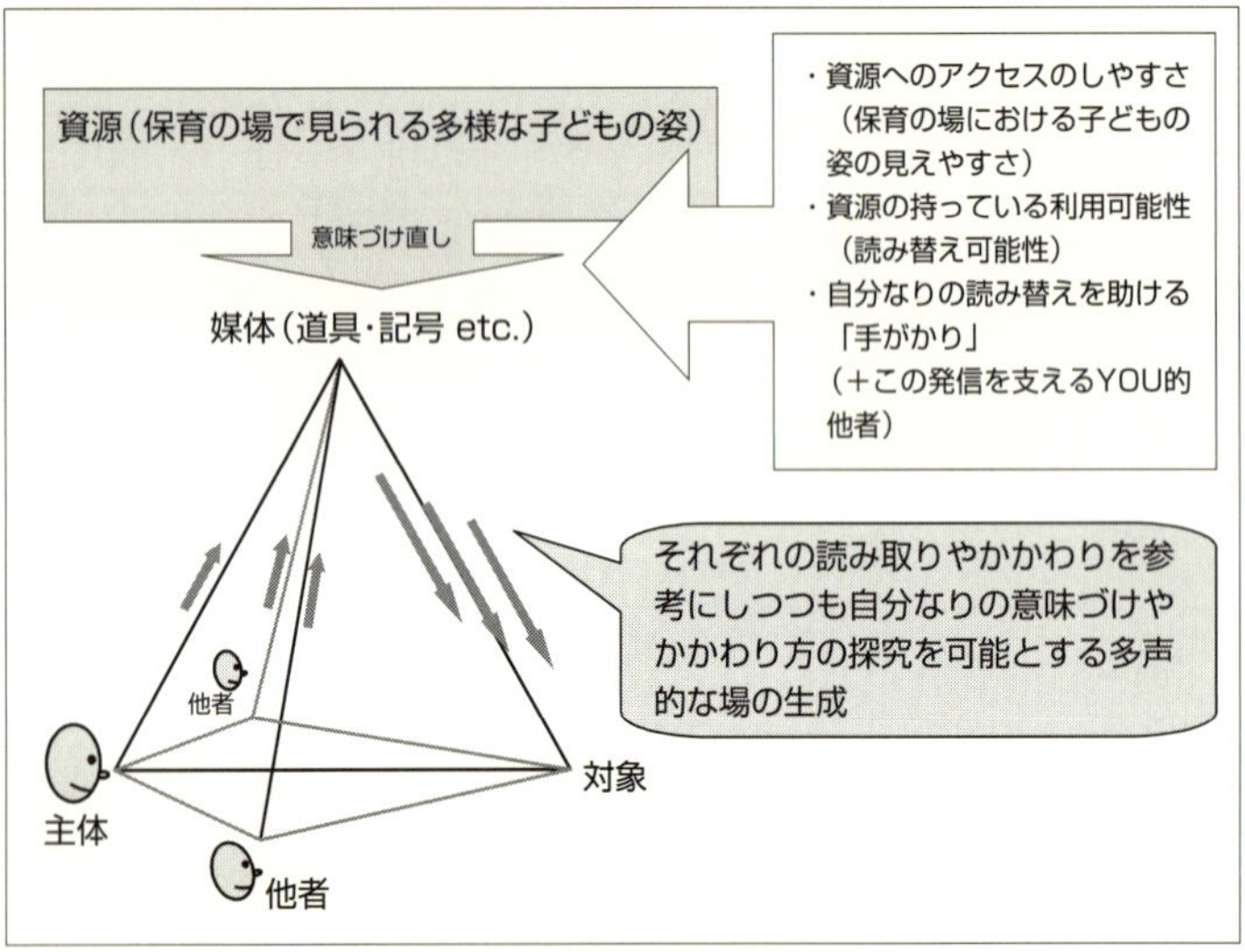

図3　多声的な対話空間を生成する「資源」

性」とも深くかかわっていると思われます。子どもたちの活動（遊び）において、そこで展開される活動の文脈の多声性は「場」の構造―特に「資源」の持つ「利用可能性」―と関連していることは既に見てきましたが、保育者や保護者が自分の保育や子育てを自分なりに問う「対話（省察）」においても、その対話が活性化するためには、「資源」となる「子どもの姿」へのアクセスのしやすさ（見えやすさ＝具体的なエピソードの提供やさまざまなツールの活用）とそこで提供される資源の読替え可能性（自分なりの意味づけが可能であるかどうか）等がポイントになると思われます（図3）。

　互いの「保育」や「子育て」につい

て、既存の価値基準から評価的なまなざしを向ける（「あるべき像」を求める）のではなく、「子どもの姿」に「ともに」向かい、そこで見られる行為やかかわりの持つ意味を「ともに」味わい探究して行こうとする姿勢で提供されるさまざまなエピソードは、提供する側の解釈がある程度反映されていたとしても、それぞれの視点からの意味づけや読み替えに対して開かれた「資源」となっています。そうした「資源」を基に、それぞれの多様な視点から子どものことを語り合える「場」は、そうした他者の視点や子どもへのかかわりそのものを、自分なりの読み取りのためのさらなる「資源」として活用することが可能となり、自己の子育て観や子どもへのかかわりを振り返り、その幅を広げていくような独自のスタンスの構成を可能とする多声的な「場」の生成につながっていくものと考えられます。

それぞれの育ちが生み出す育ち合い

最後に、今回の子ども・保育者・保護者の三者三様の育ちが、決してそれぞれに独立したものではなく、また誰かが誰かを指導し指導されるというようなものではなく、それぞれの変容が互いの変容へ連動的につながっていたことにも注目しておきたいと思います。

たとえば、今回のエピソードには紹介しきれませんでしたが、担任保育者の周囲の同僚との関係の変化は、その後の子どもたちの遊びを見るまなざしや環境構成に向かう姿勢にも変容をもたらし、それによってクラスの子どもたちの遊びやかかわりにも変化が見られるようになって来ました（リュウ君もそうしたクラスの関係構造の変容の中で、クラスにおける自分のスタンスを見つけていきました）。しかし、その保育者の変容の背景にあったのは同僚保育者との関係の変化だけでなく、実はビデオを通して発見した「風の時間」等で見られた子どもたちの姿（それまで自分が知っていると思っていたものとは異なる姿）もあったと考えられます。また、保護者のスタンスの変容過程にも子どもの変化していく姿や保育者の変容が背景にありました。それらの変容過程は、決してどちらかがどちらかを促したというような一方向的なものではなく、それぞれが、お互いの育ちに支えられつつ、その場における自らのスタンスを構成していく過程のなかで見られたものと考えられるのです。

保育の場には、公式・非公式の大小さまざまな共同体が織り重なって存在しています。子どもも保育者も、そして保護者も、それぞれがその重なり合う共同体に参加しつつ、自分なりのかかわり方を模索し、自らの参加を広げていますが、そこでは、それぞれの育ちの過程が、お互いの変容の契機となり得るような育ち合う関係が生み出されていきます。そして、そうした育ち合う関係の背後には、さまざまな他者の「声」に開かれた多声的な「場」の存在と、そこでの「対話」を支える共感的他者の存在があったことが今回のエピソードを通して伺えました。それらの「場」や共感的他者の持つ存在意義や在りようについて、これから私達は改めて注目していく必要があるのではないでしょうか。

（1）大豆生田啓友『支え合い、育ち合いの子育て支援——保育所・幼稚園・ひろば型支援施設における子育て支援実践論』二〇〇六年　関東学院大学出版会

（2）池本美香『失われる子育ての時間——少子化社会脱出への道』二〇〇三年　勁草書房

（3）このエピソードは、科学研究費の助成を受けて実施された共同研究の一環として行っていたもので、参与観察を中心としたフィールドワークと保護者との日常的な会話やインタビュー、また保育者とのカンファレンス等を通して得た記録を基にまとめたものになります。（平成一六－一八年度　文部科学省科学研究費補助金事業　基盤研究(C)課題研究番号：一六五三〇六二八　研究代表者：大豆生田啓友）

（4）仮名。これ以降、本文中の子どもの名前はすべて仮名としています。

（5）Lave, J. & Wenger, E. 1991. *Situated Learning: Legitimate Peripheral Participation*. Cambridge University Press. 佐伯胖（訳）『状況に埋め込まれた学習——正統的周辺参加』一九九三年　産業図書

（6）ここでの「声」とは「『人格としての声、意識としての声』というきわめて広範な現象を含んでいるもの」と考えられます。

（7）Wertsch, J. V. 1991. *Voice of the mind: A sociocultural approach to mediated action*. Cambridge, Mass: Harvard University Press. 田島信元・佐藤公治・茂呂雄二・上村佳世子（訳）『心の声——媒介された行為への社会文化的アプローチ』一九九五年　福村出版

（8）Bakhtin, M. M. 1981. *The dialogic imagination: Four essays*. Ed. M. Holquist; Trans. C. Emerson & M. Holquist. Austin: University of Texas Press. 伊東一郎（訳）『小説の言葉』一

九七九年　新時代社

（9）正規の保育時間外に保護者の委託を受けて行われる保育。当時、K幼稚園では、この預かり保育を、当時徒歩一〇分ほどのところに位置する系列園（Y幼保園）と合同で行っており、ほとんどの場合、リュウ君を始めとするK幼稚園の子どもたちは午後二時の降園の時間になるとY幼保園へ移動し、そこで過ごすことになっていました。K幼稚園では、この預かり保育を「風の時間」と名付けており、午後二時までの保育時間を「光の時間」と名付けています。

（10）新しい担任保育者は、まだリュウ君を含め新しいクラスの子どもたちのそれぞれの参加の姿を探りつつ見守っていた時期であり、リュウ君と他児とのかかわりをつなぐための配慮として、リュウ君のイメージを他児に伝えたり、他児との会話が成立するように言葉を足したり（エピソード②）、リュウ君が朝母親と離れてクラスに入れない時にはクラスに入れるよう誘いかける言葉をかけるなど、積極的な援助も見られていましたが、このエピソードの時点では、まだリュウ君にとっては、クラスというTHEY的な共同体において、リュウ君がそこで「やっていけるようになる」（THEY化する）ための手続きやふるまい方の獲得を意図した援助となっていたようです。（またエピソード③では、逆に、リュウ君自らがその手続き的な合図を手段として活用していた様子も見受けられました）

（11）ある公式の共同体において、その実践にいまだ十全には参加できていない成員の間に、その公式の場に生じた「隙間」を埋めるような形で「自然発生的に」相互生成されてくる非公式な共同体のことを指します（Wenger, E. 1990. *Toward a theory of cultural transparency: Elements of a social discourse of the visible and invisible.* Palo Alto, CA: Institute for Research on

Learning）。

（12）佐藤公治『対話の中の学びと成長』一九九九年　金子書房

（13）リュウ君の観察は年少クラスであった前年度から継続されていたため、筆者も定期的に園に通いビデオ記録を続けていましたが、観察日には保育終了後にその日の具体的場面やその時期のリュウ君についてＡ先生と話し合ったり、学期末などには副園長と主任保育者を含めた四人という少人数で、撮影したビデオを基にリュウ君や他の子どもたちの姿について語り合う機会がありました。

《執筆者紹介》（執筆順）【担当章】

佐伯　　胖　さえき　ゆたか／1939年生まれ【編者・第1章】

ワシントン大学大学院心理学専攻博士課程修了（Ph. D.）
田園調布学園大学大学院人間学研究科子ども人間学専攻教授，公益社団法人信濃教育会教育研究所所長，東京大学・青山学院大学名誉教授
主著：『幼児教育へのいざない』（単著）東京大学出版会
『「わかり方」の探求』（単著）小学館
『驚くべき乳幼児の心の世界』（単訳）ミネルヴァ書房　ほか

須永　美紀　すなが　みき／1966年生まれ【第2章】

青山学院大学大学院社会情報学研究科博士後期課程満期退学
こども教育宝仙大学こども教育学部准教授
主著：『保育原理（最新保育講座①）』（共著）ミネルヴァ書房
『保育の心理学（新保育士養成講座⑥）』（共著）全国社会福祉協議会

宇田川久美子　うだがわ　くみこ／1963年生まれ【第3章】

青山学院大学大学院文学研究科教育学専攻博士後期課程修了（教育学博士）
相模女子大学学芸学部子ども教育学科准教授
主著：『障害児保育（最新保育講座⑮）』（共著）ミネルヴァ書房
『人間関係の指導法』（共著）玉川大学出版部

三谷　大紀　みたに　だいき／1976年生まれ【第4章】

青山学院大学大学院文学研究科教育学専攻博士後期課程満期退学
関東学院大学教育学部こども発達学科准教授
主著：『よくわかる保育原理』（共著）ミネルヴァ書房　ほか

髙嶋　景子　たかしま　けいこ／1970年生まれ【第5章】

青山学院大学大学院文学研究科教育学専攻博士後期課程満期退学
田園調布学園大学大学院人間学研究科子ども人間学専攻教授
主著：『よくわかる保育原理』（共著）ミネルヴァ書房
『子ども理解と援助（最新保育講座③）』（共編著）ミネルヴァ書房
『子どもを「人間としてみる」ということ』（共著）ミネルヴァ書房　ほか

共　感
——育ち合う保育のなかで——

2007年5月15日　初版第1刷発行　〈検印省略〉
2017年1月20日　初版第6刷発行

定価はカバーに
表示しています

編　者　佐伯　胖
発行者　杉田啓三
印刷者　江戸孝典

発行所　株式会社　ミネルヴァ書房
607-8494　京都市山科区日ノ岡堤谷町1
電話代表（075）581-5191
振替口座　01020-0-8076

共同印刷工業・清水製本

ISBN978-4-623-04903-5

Printed in Japan